厦门口述历史丛书 16　　厦门城市职业学院云顶出版计划

主　编　陈仲义

林梦海　林以撒　林梦如　口述

林梦海　整理

橐萤楼蒡

——厦大三代人

厦门大学出版社

XIAMEN UNIVERSITY PRESS

国家一级出版社

全国百佳图书出版单位

图书在版编目（CIP）数据

囊萤楼旁：厦大三代人 / 林梦海，林以撒，林梦如口述；林梦海整理. -- 厦门：厦门大学出版社，2024.12

（厦门口述历史丛书 / 陈仲义主编）

ISBN 978-7-5615-9262-5

Ⅰ．①囊… Ⅱ．①林… ②林… ③林… Ⅲ．①林疑今-生平事迹 Ⅳ．①K825.5

中国国家版本馆CIP数据核字(2024)第019258号

责任编辑　韩轲轲

美术编辑　张雨秋

技术编辑　朱　楷

出版发行　厦门大学出版社

社　　址　厦门市软件园二期望海路39号

邮政编码　361008

总　　机　0592-2181111　0592-2181406(传真)

营销中心　0592-2184458　0592-2181365

网　　址　http://www.xmupress.com

邮　　箱　xmup@xmupress.com

印　　刷　厦门集大印刷有限公司

开本　889 mm×1 194 mm　1/32

印张　7.75

插页　6

字数　185 千字

版次　2024 年 12 月第 1 版

印次　2024 年 12 月第 1 次印刷

定价　68.00 元

厦门大学出版社
微信二维码

厦门大学出版社
微博二维码

林至诚牧师的孩子(约 1902 年摄于平和坂仔,台北林语堂纪念馆提供)

注:右起依次为和安(景良)、美宫、和风(玉霖)、和清(憾庐)、和乐(语堂)、玉苑(林幽)。

漳州林语堂纪念馆(梦海供图)

语堂赴美前兄弟合影(1936年)

注:左起依次为憾庐、玉霖、语堂、林幽。

平和坂仔林语堂故居(林妙玲供图)

玉霖　　　　　　　　　　疑今（1929年）

玉霖全家福

疑今、云轩结婚照(1939 年)

疑今全家(1948 年)

厦大外文系老教师合影

注：左起依次为芮鹤九、郑翼堂、葛德纯、林疑今、蔡丕杰、陈福生、刘珍馨、黄吉平、巫维衔。

疑今与研究生谈人生

厦大图书馆特藏部收藏林疑今译著十二部

厦大图书馆保存本库内有林疑今译著十几种

《永别了,武器》先后出版了多种版本

疑今看书

厦门大学外文系教职工送别李燕棠

注:前排有曾淑苹、陈世民、蔡丕杰、徐元度、李燕棠、林疑今、刘贤彬、刘珍馨、崔盈达、林纪熹等人。

疑今、云轩金婚宴上，当年的新郎新娘和伴娘向大家敬酒

疑今全家福（1986年）

总序一

因城而生　跨界融合

唐　宁

历史如浩瀚烟海,古今兴替,尽捱其间。鹭岛厦门在千年史籍里沧桑起伏,远古时为白鹭栖所,先秦时属百越之地,而后区划辗转由同安县至南安县至泉州府,又至嘉禾里、中左所、思明州,道光年间正式开埠,光绪年间鼓浪屿成"万国租界"。1949年9月,厦门始为福建省辖市,逢今正与新中国同庆七十华诞。

七十年风云巨变,改革开放后,厦门始终走在发展的前列。厦门的经济建设者和文化传承者在这片热土上播洒了无数血汗,书写了特区建设可歌可泣的恢宏篇章,他们的事迹镌刻在厦门历史的丰碑之上。在有册可循的文字记载之外,尚有不少重要的人与事如沧海遗珠,未及缀补。

借此,厦门城市职业学院秉持"因城而生,为市则活"的办学信念,不仅通过专业建设主动对接厦门现代产业体系的需求,为厦门经济建设输送大量高素质技术技能人才,同时也通过多样性文化研究平台的建设,主动担当传承厦门优秀文化的使命。其中,由本校陈仲义教授领衔,汇聚校内英才、兼纳厦门名士,成立的"厦门口述历史研究中心",多年来致力于借助口述历史的形式,采集、整理那些即将消失的厦门城市记忆和历史"声音",成就了一批如"厦门口述历史丛书"这样的重要成果。

卡尔·雅斯贝斯(Karl Jaspers)说:"对人们而言,历史是回忆,因为人们曾从那里生活过来,对那些历史的回忆便构成了人们自身的基本成分","人生而有涯,只能通过时代的变迁才能领悟到永恒,因此只有研究历史才是达到永恒的唯一途径"。从这个意义上看,口述历史正是文字历史的补充,二者融合可以实现对文字历史的"补缺、参错、续无"之功。

厦门城市职业学院跨界组建口述历史研究团队,在对厦门城市历史的修撰补充中,通过跨界与融合,使厦门经济建设与文化传承的脉络更加清晰,使人们对过去时代的领悟更加深刻,从而使未来的发展更加稳健。陈寅恪先生说:"在史中求史识。"而历史的叙写过程何尝不亦为史识的求证过程?历史告诉我们,发展才是硬道理;历史的叙写过程告诉我们,跨界、融合,才是通向卓越发展的道路。这正契合了厦门城市职业学院的办学理念:育人为本,跨界融合,服务需求,追求卓越!

陈仲义同志是与厦门城市职业学院一起成长的专家、教授,长期以来笔耕不辍,著作等身,受人景仰,在中国诗歌评论领域建树丰硕。祝愿他带领的新的团队,为厦门地方文化建设,踔厉奋发,再续前页。

2019 年 8 月

总序二

盾构在隧道里缓缓推进

陈仲义

　　2015 年暑期，我奉命筹建厦门口述历史研究中心。该中心定位于承传厦门本土文化遗产，"口述"珍贵的人文历史记忆，涉及厦门名门望族、特区建设人才、侨界精英、闽南非物质文化遗产，以及原住民、老知青、老街区等题材的采集、整理、研究工作。

　　我原以为组织一干人马，并非什么难事：物色人选，遴选题材，规范体例，包干到户，如此等等，便可点火升帆。然而，一进轨道，方知险情叵测。这些年来，"双建"（建设国家级示范性院校、省级文明院校）目标之重如大山压顶，团队成员几近分身无术、疲于奔命。先后有三位骨干因教学、家庭问题退出，项目一时风雨飘摇。面对变故，我们也只好报以微笑、宽容、"理解之同情"，调整策略，放缓速度，增补兵源。

　　开工之后，"事故"依然不断：明明笃定选中的题材，因事主"反悔"，说服无效而眼睁睁地看着泡汤；顺风顺水进行到一半，因涉及家族隐私、成员说法分歧等问题，差点夭折；时不时碰上绕不过去的"空白"节点，非填补不可，但采撷多日，颗粒无收，只好眼巴巴地

3

任其在那儿搁浅，"坐以待毙"；碰上重复而重要的素材不想放弃，只能在角度、语料、照片上做大幅度调整、删减，枉费不少工夫；原本以为是个"富矿"，开采下去，却愈见贫瘠，最后不得不在尴尬中选择终止……诸如此类的困扰大大拖了后腿。好在团队成员初心不变，戮志协力，按既定目标，深一脚浅一脚缓缓而行。

团队从原来7人发展到10多人。校内10人来自中文、社会、旅游、轨道交通等专业及图书馆、办公室等部门。除本人外，皆清一色"70后""80后"，正值"当打之年"。校外7人，分属7个单位，基本上属古稀花甲。如此"忘年交"配对，没有出现"代沟"，反倒成了本团队的一个特色。

团队阵容尚属"可观"：正高2位、副高8位、讲师2位，其中硕士4位、博士3位。梯队结构合理，科研氛围融洽。特别是校外成员，面对经费有限，仍不计报酬，甘于奉献。

在学院领导的关怀和大力支持下，丛书终于初见规模。作为中心责任人，我在选题挖掘、人员组织、关系协调、难题处理方面，虽倾心尽力，但才疏智浅，不尽如人意。如果丛书能够产生一点影响，那是团队成员群策群力的结果；如果出现明显的纰漏不足，实在是个人短板所致！

阅读丛书，恍若穿梭于担水巷、曾姑娘巷、八卦埕，在烟熏火燎的骑楼，喝一碗"古早茶"，再带上两个韭菜盒回家；从阁楼的樟木箱翻晒褪色的对襟马褂，猛然间抖出残缺一角的"侨批"，勾连起南洋群岛的椰风蕉雨；提线木偶、漆线雕，连同深巷里飘出来的南音，乃至一句"天乌乌，袂落雨"的童谣，亦能从根子上触摸揉皱的心扉，抚平生活的艰辛；那些絮絮叨叨、缺牙漏嘴的个人"活捞事"，如同夜航中的小舢板，歪歪斜斜沿九龙江划到入海口。我们捡拾陈年旧事，将碎片拼缀、缝补，还原为某些令人嘘唏的真相，感受人性的光辉与弱点；也在接踵而来的跨海大桥、海底隧道、空中走廊的

4

立体推进中，深切认识历史拐点、岁月沧桑、人心剧变如何在时代的潮涌中锻造个人的脊梁。

历史叙述，特别是宏大的历史叙述，随着主要亲历者、见证者离去，"隔代遗传"所带来的"衰减"日渐明显。而今，历史开始从主流、中心、精英叙事转向边际、凡俗。新地带的开垦，将迎来千千万万普通民众汇入的"小叙事"。日常、细节、互动，所集结的丰富性将填补主流人类学、历史学、社会学、地方志的"库藏"，因应出现"人人来做口述史"（唐纳德·里奇）的提倡，绝非空穴来风，而具深远意义。

口述形式，有别于严丝合缝的文献史料，也有别于步步推进的考辨理据；亲切、在场、口语化、可读性强，可能更易迎合受众，这也是它得以存在且方兴未艾的原因。怎样进一步维护其属性、增添其特性光彩呢？口述历史不到百年寿龄，其理论与实践存在诸多争论与分歧。作为基层团队，多数成员也非训练有素的史学出身，但凭着热情、毅力，凭着对原乡本土一份挚爱，"摸着石头过河"，应该可以很快上岸。

表面上看，口述历史难度系数不大，大抵是一头讲述，一头记录。殊不知平静的湖面下藏有深渊。它其实是记忆与遗忘、精准与模糊、本然与"矫饰"、真相与"虚构"、本能与防御、认同与质疑，在"史实"与"变形"间的悄然较量，其间夹杂多少明察与暗访、反思与矫正，不入其里，焉知冷暖？

"口述性"改变了纯文献资料的唯一途径，但没有改变的依然是真实——口述史的生命。初出茅庐，许多规范尚在摸索阶段，但总体而言，第一步基本上应做到"如实照录"，亦即《汉书》所褒赞司马迁的"其文直，其事核，不虚美，不隐恶"的实录精神，而要彻底做到这一点很不容易。不仅要做到，接下来还要互证（比较、分析），规避口述者易犯的啰唆重复、拖泥带水、到哪算哪的游击作风；而整理者的深入甄别、注释说明、旁证辅助、文献化解、在场还原、方言转换，尤其是带领学生社会实践的参与度，仍有很大的提升空间。

厦门历史文化，比起华夏九州、中原大地，确乎存在不够悠久丰厚之嫌，但与之相伴的闽南文化、华侨文化、嘉庚精神，连同入选国家级非遗名录的歌仔戏、高甲戏、南音、答嘴鼓、讲古等，各有厚植，不容小觑。中心刚刚起步，经验不足，稚嫩脆弱，许多资源有待开发，许多题材有待拓展，许多人脉有待联络，许多精英有待挖掘。如果再不努力"抢救"，就有愧于时代与后人了。

其实，厦门出版的地方历史文化图书还是蛮多的，大到盛世书院，小至民居红砖，成套的、散装的，触目可及。但面对拥挤而易重复的题材，何以在现有基础上，深入腹地，称量而出？面对长年养成的惯性思路，何以在口述语体的风味里，力戒浅率而具沉淀之重？

编委会明白自身的长短，与其全面铺开战线，毋宁做重点突进，遂逐渐把力量集中在四个面向：百年鼓浪屿、半世纪特区、国家级非遗项目、"老三届"群体。希望在这些方面多加钻探，有所斩获。

无须钦慕鸿门高院，关键是找好自身的属地。开发历史小叙事、强化感性细部、力戒一般化访谈、提升简单化语料，咀嚼謦欬间的每一笔每一画。罗盘一经锁定，就义无反顾走到底，积跬步而不惮千里之远，滴水穿石，绳锯木断，一切贵在坚持。愿与各位同道一起，继续铢积寸累，困知勉行。

最近刚刚入住东渡狐尾山下，正值二号地铁线施工。40米深的海底隧道，隐隐传来盾构声，盾构以平均每小时一米的速度推进着，与地面轰鸣的搅拌机相唱和。俯瞰窗外白炽的工地和半掩的入口处，我常常想：什么时候，它还会碰上礁岩、滑沙、塌陷和倏然涌冒出来的地下水？失眠的夜晚，心里总是默数着：一米、一米、再一米……

2019 年 4 月

本书主要人物曾用名

林景良（孟温、和安）

林玉霖（和风）

林憾庐（和清、憾）

林语堂（玉堂、和乐）

林　幽（玉苑、和苑）

林仪贞（瑞珠）

林疑今（宝泉、国光）

林国荣（宝鼎）

林翊重（伊仲）

林如斯（凤如）

林太乙（玉如、无双）

目 录

引 子

从西校门走进厦门大学,第一眼就看见一排花岗岩的石砌三层楼,屋顶为双坡西式建筑。最靠近校门的那座橙色屋顶的三层楼房就是囊萤楼。1921年,林玉霖先生响应南洋华侨陈嘉庚号召,回家乡办大学。刚来时,囊萤楼正在建,玉霖就住在另一侧的映雪楼里。外文系还没招生,玉霖就在总务处当总监,照看这些建筑工地。陈嘉庚打算盖一排五座楼,依次是囊萤、同安、群贤、集美、映雪。这起名还有讲究:"囊萤""映雪"出自古人勤奋学习的典故;"同安""集美"则是陈嘉庚在南洋时时牵挂的故乡;"群贤"则是希望厦门大学办起来后,群贤毕至。

囊萤楼盖好后,大部分时间是外文系在使用,一、二层楼是教学空间,三楼是学生宿舍。在厦大,说起囊萤楼,大家就会想起外文系。1984年,外文系曾一度搬到博学二(新盖),20年后又搬回囊萤楼。

囊萤楼如今已成了红色革命景点:1926年2月,福建省第一个中国共产党支部在这里成立(由罗扬才、李觉民、罗秋天组成,罗扬才任支书)。现在,厦门经常有单位来这里进行团建、党建活动。

林玉霖(和风)是林至诚牧师的第二个儿子。玉霖出生时,林至诚传道在同安双圳头负责一个教会。玉霖上面还有一个哥哥景良(和安)、一个姐姐仪贞(瑞珠),此时他的父亲已将第一个孩子送到鼓浪屿养元小学读书。后来他的母亲在同安还生了妹妹美宫、弟弟憾庐(和清)。

林至诚带领教友在同安双圳头盖起大教堂,办了启悟小学。

1

后来林至诚被按立为牧师。平和坂仔请他到那里传道,全家就跟着他搬到平和坂仔。玉霖母亲在坂仔又生了三个儿子:和平、语堂(和乐、玉堂)与林幽(和苑、玉苑)。①

玉霖10岁时,父亲送他到鼓浪屿养元小学读书。玉霖学习成绩很好,老师对林牧师说,这个孩子值得培养。林牧师卖了家里的祖屋,才有一点钱送玉霖到上海圣约翰大学读书。

在上海,玉霖学习十分勤奋,成绩也很好,因为他知道学习机会来之不易。在大学,他参加了学校的基督教团契,高年级时还带领同学们查经。毕业后,校长留他在圣约翰大学预科教学。

---

① 林至诚牧师家族简谱,详见本书附录。

第一章

童年时期

一、出生于上海

上海圣约翰大学办公楼旁宿舍（梦海摄）

1913 年 4 月 9 日，一个男孩在上海的医院里出生，一天后被抱回家里。家在圣约翰大学校园内，校长办公室旁边的一楼平房

3

里。这是圣约翰大学新近购进的地区,旁边有一大片草地,绿草茵茵。一棵大樟树巨大的枝丫,像巨人的胳膊伸向四周,树下一大片绿荫。一条小河从旁边蜿蜒流过,空气新鲜,视线开阔。

孩子父亲玉霖大学毕业后不久,在上海圣约翰大学任教,这是他第一个儿子。他很高兴,给孩子取名为"宝泉",希望后面还有许多弟弟妹妹。宝泉母亲杨翠竹出生在金门,在金门一个基督徒家庭长大,后来到鼓浪屿毓德女校读书。翠竹毕业后还在女校任教一段时间。玉霖出生在同安,后来随父亲(林至诚牧师)搬到平和坂仔,幼年被送到鼓浪屿养元小学和寻源中学读书。

宝泉一岁多还穿着开裆裤在圣大校园里摇摇摆摆走路时,妈妈为他生了一个弟弟,父亲给弟弟取名为"宝鼎",鼎是古代烹调的器物,他希望以后家里人丁鼎盛。

玉霖在学校教书,经常借一些外国书报、画刊回家。宝泉两三岁时,玉霖就翻着画刊给宝泉、宝鼎讲故事。外国画刊里有《格林童话》《安徒生童话》等。《白雪公主和七个小矮人》的画面很漂亮,七个小矮人画得很有趣。《阿里巴巴和四十个强盗》的故事很生动,孩子们听了还想再听,还有《小红帽和狼》的故事、《渔夫和金鱼》的故事,宝泉后来也会讲给弟弟们听。

周末家里有许多大学生来玩,基本都是厦门人。最常来的两个是五叔玉堂和六叔玉苑,他们也会给孩子们讲故事。《鲁滨孙漂游记》和《格列佛游记》给宝泉留下深刻的印象。来家里的还有一位陈锦端阿姨,也是厦门人,她在圣玛利亚女校读书,经常与五叔玉堂一起来。五叔有时还会带从草地上抓的蛐蛐给宝泉玩。又过了两三年,第二个弟弟宝锤出生后,父亲就考虑要在校外租房子住了,因为两间房子住不了这么多人。

圣约翰大学位于沪西梵王渡,梵王渡路(后改为万航渡路)一路向东,直达静安寺。玉霖找房子时,静安寺旁边有一大片新式弄

4

堂房子正开始招租。玉霖看到梵王渡路与迪化路(现称乌鲁木齐路)交接的地方,有几个弄堂,都是三层楼房子在出租。

其中,三义坊是一个三排三层房子的弄堂,第一排从1号到9号,第二排从10号到23号,第三排从24号到31号。三义坊弄堂后边接着长义坊。长义坊弄堂也是三排房子。两个弄堂前后排都与弄堂外面交界,玉霖就选了三义坊中间排20号租下来。这里离静安寺商业圈只要走十分钟,出弄堂三岔口有小菜场,生活十分方便。

林家搬到三义坊后,翠竹又生了几个男孩。三义坊家里十分热闹,几个男孩子原来在圣约翰大学住的是平房,现在是住楼房,孩子们在三层楼里跑上跑下,楼梯木地板被踩得咚咚响。三义坊楼间距比较小,前后栋也就是相距几米,小孩子在三楼阳台向外张望,可看到后面一排房子里的女孩在弹钢琴。

房子前门有一个近六平方米的小院子,玉霖带着孩子们在这里种了一棵枇杷树、一棵葡萄树。他交代大儿子宝泉,要他负责把这两棵树养大,太阳大的时候要浇水。这里土层很薄,又不够肥沃,阳光也照不到,枇杷树春天会开花,但结不了果。葡萄是爬藤植物,它会沿着砖墙往上爬。冬天下雪后,葡萄藤上挂着冰凌,晚上阳台的灯一打开,照在冰凌上会发出五颜六色的光彩,十分好看。

家里前门一般不开,大家习惯走后门。一进门是个厨房,靠墙根是一个长方形铁制的煤气灶,不常用。倒是靠窗口的一个小巧的煤气灶,要用火柴点火的,用了几十年。厨房到客厅之间还有一个小天井。

一楼前面是个近三十平方米的客厅,后面带一个小的餐厅。一楼与二楼间是一个十几平方米的亭子间。二楼大房间有二十几平方米,后面有八平方米的卫生间;二、三楼间也有一个亭子间。三楼大房间前面还有一个伸出去的阳台,后面也是卫生间。再往后,在亭子间的上面,是一个十几平方米的后阳台,可以晒衣服。

二、父亲玉霖在圣约翰教书

宝泉的祖父林至诚出生在漳州西北方向的天宝珠里五里沙的农村,从小随父母在农村种地。19世纪中期,曾祖父被太平天国部队拉去当挑夫,一去不复返。祖父就挑起家庭的重担,春来插秧种地,秋来收割扬场,是家里的主要劳力。曾祖母信教后,把祖父送到鼓浪屿寻源斋神学院读书。

祖父林至诚从神学院毕业后,先在基督教厦门竹树堂当传道。他能挑担,经常挑着书籍随外国传教士,或是到厦门岛塔头、前埔、莲坂、江头一带传道,或是坐福音船到澳头、刘五店传道。祖父后来调到同安东山顶一带传教,在那里建起双圳头礼拜堂。在同安还建了启悟学校、同安医院、女子学堂等等。宝泉的父亲、二姑、三叔就在那里出生的。后来应漳州平和坂仔农民邀请,祖父到坂仔传道、建小学、盖教堂,宝泉的五叔、六叔就在那里出生。最后,祖父被调到平和小溪礼拜堂做主任牧师。

祖父林至诚牧师从杂志上了解到外面的世界,又听传教士说,从小要培养孩子读书。他把大儿子送到郁约翰医生那里学医,为了培养老二玉霖(和风),他把家里的祖屋都卖了,供孩子到上海读圣约翰大学。

宝泉父亲玉霖1911年刚从圣约翰大学毕业,就留校教书。这时刚好辛亥革命成功,社会发生重大变革。人们对西方社会的接触、了解日益增多,对英语的学习热情高涨。特别是上海,银行、海关、外国公司招收雇员都要求掌握熟练的英文,圣约翰大学预科就是最好的培训学校,从这里毕业的学生在社会上就业,口碑甚好,想到圣约翰大学学英语的人很多,每年圣约翰大学预科报名都爆满,因此教师十分缺乏。卜舫济校长①让玉霖留校后在预科教英语。

校长找玉霖谈话，告诉他学校要在校园内建立英语环境：学校所有标识、通知、布告都使用英语，除了中国国文课用中文，其余课程一律用英文的教科书，用英语讲课。预科教育就是要使学生能适应这种英语环境。

预科英语课包括阅读、作文、语法、翻译等，玉霖每周要承担24学时的英语课。当时没有合适的英语课本，玉霖就选用英语《圣经》做教材。英语《圣经》是英国教会组织一批语言学专家，从希伯来文翻译出《旧约·圣经》，又从希腊文翻译出《新约·圣经》而成的。对于一些有争议的地方，翻译者反复比较、斟酌，最后才定稿。因此英语《圣经》是十分优秀的英语文本，学好了这一文本，英语的表达是不成问题的。

玉霖开始用《路加福音》做阅读课本。这篇福音书故事性比较强，语言也通俗，学生比较容易学。玉霖也照顾那些不是基督徒的学生，让他们了解这些内容。

为了适应学校的英语环境，玉霖训练学生阅读学校的布告栏，学习通知、书信等应用文的格式和用词。上作文课时，玉霖就教学生写信。本来中英文就有竖写和横写的差别，外文与中文书信的格式也截然不同。中文信封是从右向左书写，右侧先写收信人地址，中间写收信人姓名，左侧才是寄信人地址、姓名。西文信封左上侧写发信人地址、姓名，中间写收信人地址和姓名。信纸还有不同格式……学生感到自己学到很多知识，学习热情明显提高。

---

① 1888年卜舫济（Francis Lister Hawks Pott）出任圣约翰书院总监。他在这个位置上工作了52年。卜舫济的祖父是美国圣公会著名牧师，父亲是纽约的《圣经》出版商。家庭的熏陶使年轻的卜舫济形成了强烈的宗教献身精神。他在哥伦比亚大学获文学士学位后，进入纽约总神学院学习，在被授神职后就踏上了到中国传教的道路。

许多上海人把子女送来读书,圣约翰预科那几年生源特别多。

三、温馨一家人

梵王渡路三义坊 20 号成了林家的窝。三四个男孩子在家里楼上楼下跑够了,就想出去玩。母亲翠竹就交代孩子们,可以到弄堂里玩,但不能跑出弄堂。三义坊和长义坊弄堂是连在一起的,总长度有九十几米,够小孩子跑跑的。

翠竹出弄堂口过马路,到小菜场买菜。上海春天有许多豆类蔬菜:蚕豆、豌豆、扁豆、四季豆、长豇豆……其他蔬菜也多种多样:鸡毛菜、菠菜、苋菜、油菜、芹菜、韭菜、蒜苗、包菜、大白菜、黄豆芽、绿豆芽,还有莴苣、春笋。肉类是猪肉、牛肉天天有,活鸡、活鸭时常有;河鱼(青鱼、草鱼、鲢鱼)、河虾也有,但比起金门的海鲜,新鲜度就差远了。

父亲玉霖承担课程较多,一星期只能回来一两趟。星期六下午,他从学校回来了。第二天早上,全家要去教堂做礼拜。穿过马路,走过小菜场,沿着觉民小学旁边小巷走十几分钟,可以到闽南教堂“灵粮堂”,这里用闽南话布道。翠竹到上海好几年了,只能听上海话,不大能讲。闽南教堂布道、唱诗都是用闽南话,翠竹觉得好像回到了金门。

有时五叔、六叔与父亲一起回来,他们会去云南路的慕尔礼拜堂(后迁至西藏中路,现改称沐恩堂)做礼拜。这里主要用国语布道,有时也用英语,赞美诗则是各种语言都可以唱的。1979 年,沐恩堂装修后重新开堂,高高的钟楼顶部装上了 5 米高的十字架,正门上有一行大字“真理给尔自由”。华东神学院就设在教堂里面,上海三自爱国运动委员会和上海基督教教务委员会也在其中。现在,沐恩堂已成为国内外基督教界举行重大会议和典礼的场所。

上海慕尔礼拜堂

图片来源:袁念琪:《上海起步的地方》,上海世博人文地图丛书(黄浦卷),上海:上海百家出版社,2010年。

沐恩堂内正在进行礼拜(梦海摄)

四、来到厦门

宝泉读到小学四年级时,家里已有三个弟弟,母亲一个人要带这么多孩子,忙不过来。家乡的南洋华侨陈嘉庚先生创办厦门大学,号召老乡回家乡支持办校。父亲要到厦门大学任教,身边也没有人,母亲就让父亲把老大宝泉带到厦门去读书。

宝泉快十岁了,跟着父亲出门,第一次坐船从上海到厦门,一路上要好几天。轮船开了,宝泉趴在船舱的窗口往外看。船慢慢驶离黄浦江,周围的高楼慢慢向后倒退,过了一会儿,房子越来越稀少。出了吴淞口,周围的海域突然开阔起来。虽然周围有一些小渔船,但轮船开始加速,很快就超过这些小船。

好在宝泉不晕船。在船舱里坐久了,他就跑到甲板上,看到一望无际的大海湛蓝湛蓝,空气十分新鲜。有时阳光普照,风平浪静,可以在甲板站一会,看碧波万顷;有时天空狂风大作,船就颠簸得厉害,只好躲在舱内。快到厦门港时,就看到海边一排美丽的洋房,父亲告诉宝泉,这就是厦门大学的房子。

囊萤楼　　　　同安楼　　　　群贤楼　　　集美楼　　　映雪楼

厦大五座楼

图片来源:厦门大学校史编委会编,《厦大校史资料·第八辑(厦大建筑概述)》,厦门:厦门大学出版社,1991年。

五口通商厦门港(铜版画)

图片来源:周旻主编:《鼓浪屿百年影像》,厦门:厦门大学出版社,
2017年。

到了厦门港,父子俩换乘小船。舢板载着他们,划到厦门港沙
坡尾上岸,再走过来一段路,就是厦门大学。学校正在建设,到处
都是石料,有些工人在打石料,要把石头加工成长方形的石条。在
建筑工地的后面,是三栋在船上看到的房子。厦门大学的创办者
陈嘉庚先生计划要盖一排五栋大楼,从左到右为囊萤、同安、群贤、
集美、映雪,现在才盖到一半。宝泉跟父亲来到最右边的映雪楼。
这是一座三层楼房,父亲就住在三楼的一个房间内,他当时担任学
校总务处的总监。

第二天一早,父亲把宝泉带到露台上,从这里向海边遥望,可
看到隔海对面陆地上的南太武山。那天刚好天气晴朗,朝晖映照,
南太武山历历在目。以后到厦大来,宝泉就爱跑到阳台上看南太
武山。

父亲又带宝泉坐摆渡的小舢板来到鼓浪屿上。鼓浪屿上有许多树木,有些小山,路不是上坡就是下坡。在漳州路120号(现44号),他们找到宝泉五婶翠凤的娘家廖家。这是有两栋楼房的花园洋房。走进院子后,要走一排宽大的台阶才到二楼大厅,大厅两侧通向卧室。台阶后面一楼是个大厨房,台阶两旁有两棵大树,一棵是玉兰树,正开着花,走过时一阵阵香味袭来。

鼓浪屿漳州路廖家

图片来源:周旻主编:《鼓浪屿百年影像》,厦门:厦门大学出版社,2017年。

宝泉的三姨是廖家的三儿媳,即林家与廖家、杨家都是两重亲:廖家的女儿翠凤嫁给林家的五儿子玉堂,杨家的二女儿翠竹嫁给林家二儿子玉霖,杨家将三女儿翠媛嫁给廖家的三儿子超烈。三姨翠媛看到二姐夫带着大外甥从上海来,就忙着张罗,要做饭给他们吃。玉霖说:"今天不在这里吃了,以后宝泉不回厦大时,就要到你这里来,拜托你多关照。今天我们还要去养元小学报名。"

廖家兄弟姐妹（廖明莉提供）

注：左起依次为永晖、永明、羚琴、永曜。

鼓浪屿复兴路白家

图片来源：周旻主编：《鼓浪屿百年影像》，厦门：厦门大学出版社，2017年。

在廖家认了门后,玉霖带宝泉来到鹿礁路的养元小学。这是归正教会在鼓浪屿办的教会小学,家不在鼓浪屿的教友的孩子,可在这里当寄宿生。玉霖为宝泉办了入学手续和寄宿手续。

宝泉插班读五年级,班上有个同学叫白格承,家就在学校旁边,第二天他就带宝泉到他家玩。他家很大,有好几座楼。后来才知道格承的祖父和父亲是经营印书馆的,印《圣经》和赞美诗。还有个同学叫李来荣(后来在福建农学院任教),家也是在鼓浪屿的,住在鸡母山附近。

星期天,如果父亲不来接,宝泉就去漳州路三姨家,三姨会做好吃的给宝泉吃。有时是虾仁炒蛋,有时是海蛎煎。三姨有一个女儿羚琴,三个儿子永曜、永明、永晖。永明虽比宝泉年纪小,但很会游泳,他常带宝泉去游泳。永明长大后,一度在厦门大学任体育教师,经常带领厦大学生横渡厦鼓海峡。

玉霖当年居住的厦门大学映雪楼(梦海摄)

宝泉周末若是去厦大,父亲会在星期六晚上来接他。来到厦大,有时会看到一位女老师骑着一匹棕色的马在校园里奔跑。宝泉看了十分羡慕,他是个孩子,十分渴望哪天女老师也让他骑骑马。

第二天一早,宝泉经常到阳台上遥望南太武,那里经常云雾缭绕,山顶若隐若现。父亲告诉他,从那里往西,可到老家漳州天宝五里沙。

太武山在龙海港尾海滨,与金门太武山隔海相望。为了易于区别,把金门的太武山称为北太武,港尾的太武山称为南太武。南太武海拔五百多米,因为屹立在海边,显得格外高耸,海外归船把它当作回港的航标。从南太武山南麓攀爬峻峭的岩石上山,一路可看到许多的天然奇石、摩崖石刻。早年山上还有一座七层宝塔,可给归航的渔船做航标。

每年寒暑假,宝泉跟着父亲坐船回上海三义坊,即使顺风顺水,也要在船上度过两三天。宝泉刚开始看海很兴奋,多走两次后也看惯了。父亲玉霖就给他讲故事,告诉他现在坐船经过的是台湾海峡,左边是福建海岸,右边是台湾岛。远古时期,左边的大陆与右边的台湾岛是连成一片的。福建北部的武夷山、中部的戴云山和台湾的中央山脉是一条宽阔的大地褶皱。有条东山陆桥,从漳州的东山岛经台湾海峡东南部、台湾浅滩、澎湖列岛,一直连到台南。一百万年间,台湾海峡经过地震、火山爆发等地壳运动,多次被海水淹没。直到 6000 多年前,闽台半岛大部分被淹没入大海,只留下一条窄窄的陆桥,海水最浅处不过 10 米深。

宝泉听了这个故事,心里就想什么时候可以沿着陆桥,从厦门游到台湾去。父亲说,游是游不到的,坐船很容易到。民间俚语说"浙江岛、广东湾,福建在中间",老家漳州平原是福建最大的平原。东山湾水域宽广,是东海与南海的交界处,有许多海产。漳州滨海有镇海、铜山、六鳌和悬钟四个明代古城。还说下次到漳州,带宝泉去看滨海火山地质遗址。火山口沉在海水中,一百多万块黑色玄武岩石柱屹立在海边,像战士一样排列得整整齐齐。

东山陆桥——东海与南海的分界(吴瑜琨摄)

图片来源:陈子铭:《漳州传》,北京:新星出版社,2019年。

漳州火山口玄武岩石柱(吴瑜琨摄)

图片来源:陈子铭:《漳州传》,北京:新星出版社,2019年。

五、寻源中学

　　宝泉从养元小学毕业后，接着读寻源中学，当时寻源还在鼓浪屿上，是一座两层小楼，地址位于龙头码头上来不远处的一个小山坡上。

鼓浪屿寻源中学（1920 年代）

图片来源：周旻主编：《鼓浪屿百年影像》，厦门：厦门大学出版社，2017 年。

　　1925 年，宝泉要读高中时，学校刚好要从鼓浪屿搬到漳州。主要是考虑将学校设在美国归正教会与伦敦长老会工作区的交界处，方便两个教区信徒的子女上学，漳州地域也比鼓浪屿宽阔得多。

　　漳州学校范围比鼓浪屿学校大很多，建造了好几栋楼房。进校门不远，是几栋二层教学楼，每层有六间大教室，还有一间大会堂，平时可以开会，星期天可以做礼拜。礼堂后面是一个大操场。

学生宿舍在后面山上,是四层楼房,每层有许多间。学校领导本来以为换了地址,招生数会减少很多,结果搬来漳州第一年,招生数就达两百多,以后逐年增加。

漳州寻源中学

图片来源:杰拉德·F.德庸著,杨丽、叶克豪译:《美国归正教在厦门》,台北:龙图腾文化有限公司,2013年。

寻源书院的学科分为三个种类:第一类是英文科,读满四年课程的毕业生,可以衔接福建协和大学(在福州,也是教会学校)一年级。英文科第一年课程有修身、国文、外国语,还有历史、地理、数学、博物。这些课程除了修身、国文和本国史的课本是用中文,其余全都用英文。除此还有图画、唱歌和体操课。第二类是普通科,读满四年普通科课程,达到普通中学毕业程度。第三类是师范科,读满两年课程,达到初级师范毕业程度,读满四年达到中等范毕业程度。宝泉选英文科。

宝泉在寻源读书,不仅有在养元认识的同学,还有新认识的曾呈奎(后来从事海洋科学研究,中国科学院院士)兄弟,他们与宝泉合住在一间宿舍里。

到了高中,宝泉为了翻译书曾休学一年,以后就在上海插班读完高中,1931年考入圣约翰大学。

1932年,毛主席带领红军战略转移,攻克漳州。红军司令部

寻源中学办公楼

图片来源：漳州市芗城区老区建设促进会编：《漳州市芗城区革命老区发展史》，福州：福建人民出版社，2021年。

寻源中学教学楼

图片来源：漳州市芗城区老区建设促进会编：《漳州市芗城区革命老区发展史》，福州：福建人民出版社，2021年。

就设在寻源中学的教学楼,毛主席住在寻源中学的办公楼(现在设为纪念馆)。

因父亲玉霖的祖籍是漳州龙溪,宝泉到漳州来读书,就是回家乡了。宝泉听父亲说,老家漳州有一座天宝山,山脚下是天宝镇。它的得名源于一个民间传说:北宋年间,有一颗大宝珠从山上飞入九龙江西溪,恰被渔夫捞起,送给漳州知府,知府将宝珠进贡给朝廷,宋太宗赐名得珠处为"天宝"。漳州天宝真正的一宝是香蕉。这里种植香蕉有千年历史,700年前引进印度的香蕉品种。随着天宝人赴台谋生,香蕉的品种和种植技术传到台湾。后来香蕉品种得到改良,又随台胞回乡祭祖,再引回"祖家"。天宝最好的香蕉品种是"芝麻蕉"(皮上有小黑点),皮薄、味香、无芯、质甜。现在,这里是全国最大的香蕉产地和最大的香蕉批发市场。

宝泉在寻源读高中的第二年(1926年),五叔玉堂、六叔玉苑都来厦大任教,五叔还为学校联系了一大批北京大学、北师大的名

林家全家福(摄于1926年,林太乙提供)

20

教授,像鲁迅、顾颉刚、沈兼士、张星烺等都被请来厦大。这年夏天,妈妈带着弟弟们也从上海回来了,大家到天宝五里沙看望祖母(祖父前几年已逝世)。

宝泉小时候在圣约翰校园里住,常见的亲戚只有五叔、六叔(他们当时在读大学)。后来住在三义坊,家里来的亲戚也主要是这两家人(住在静安寺附近)。现在见到了整个大家族的亲戚。大伯和安以前跟郁约翰医生学医,现在漳州开了保元大药房。大伯的孩子大的已经成年,小的还抱在手里。大姑瑞珠结婚后还去广州医学院上大学,后来开儿科诊所。大姑父也学医,在南洋新加坡开了一家牙医诊所。他们的孩子比较多,年纪都很接近。还有三叔、三婶和堂兄弟、堂姐妹。三叔憾庐也是学医的,但他很爱文学,现在来上海帮五叔编字典。三叔的儿子伊仲、伊盘,年纪和宝泉比较相近。那么多兄弟姐妹,宝泉一时都认不清楚。

三叔的儿子伊仲(翊重)和伊盘(摄于 1935 年,林中提供)

二三十个兄弟姐妹在一起,好不热闹。宝泉听惠元堂兄(大伯的长子)说,五叔介绍他翻译《英国文学史》。过后,宝泉就去找五叔,他说自己喜欢文学,可不可以翻译小说?五叔说,可以啊,但小说词汇量更大,还有许多情感等,翻译得确切更不容易。五叔介绍宝泉可试试翻译德国雷马克(Erich Maria Remarque)描写一战的小说 *Im Westen nichts Neues*(《西部前线平静无事》)。这是一本中学刚毕业的人上战场写的书。

后来听说五叔的两个女儿在抗战中将谢冰莹的《女兵从军记》翻译成英文。在抗战后期,大女儿如斯用英文写了小说《岩火》和《重庆夜深》,二女儿太乙用英文写了描写二战的小说《战潮》。

五叔五婶和两个女儿如斯、无双(太乙)(摄于 1928 年,太乙提供)

第二章

青年时代

六、翻译《西部前线平静无事》

父亲玉霖给宝泉借了一本英译本的 *All Quiet on the Western Front*，让宝泉自己读。这本书以一群中学毕业生为主角，描写他们刚毕业就被迫上前线的故事。书中有大量的对战争场面的逼真描写。宝泉看了，感到十分压抑。父亲对宝泉说，"你先看懂了，再去翻译"。宝泉反复看了几遍，感到有些明白。父亲跟他讨论，宝泉回答父亲，作者想告诉世人战争的残酷性，战争把无数无辜的生命就这样埋葬了。父亲感觉宝泉已经看懂了作者的意图，就同意他开始翻译。

宝泉刚开始翻译，总是斟酌用词、反复比较，进展比较慢。全书共有十二章，宝泉一个暑假才翻译了两章。

转眼到了 1928 年秋天，五叔写信问玉霖："宝泉那本书翻译得怎么样了？"这本书先是被翻译成各国文字，在世界畅销。现在这本书又拍成电影，在欧洲放映，反响很大，中国也要引进这部片子，明年就会放映。父亲玉霖和宝泉商量：寒假再翻译一章，才三章，占全书四分之一。当然，平时读书时也可以翻译一些，但在寄宿学校不大方便。既然这样赶，何不休学一年，在家翻译好了。宝泉向

23

学校提出休学一年,寒假回到上海。

《西部前线平静无事》封面(梦海提供)

　　在三义坊 20 号的亭子间,宝泉日夜赶工翻译。暑假前,宝泉又译了三章,完成一半了。五叔看了看他的译文,开始联系出版商。到秋天,宝泉翻译完第十章了。

　　有消息传来,洪深、马彦祥也在赶译这本书,电影《西线无战事》已经排上秋季上海放映榜了。宝泉把书稿前十章交给出版社开始排版,回家再赶最后两章。宝泉年少气盛,凭着一股子冲劲,日夜赶译。夜深人静疲倦的时候,宝泉就用冷水洗脸冲头,提提精神。既然是赶时间,工作未免有些粗糙。发行三版后,宝泉还修订过一次。

　　五叔已为这书写了序言。为了赶出版,出版社还请排版工加班排版。电影放映了,战争画面十分恐怖,震撼人心。电影热映时,正赶上宝泉翻译的新书《西部前线平静无事》出版。新书十分畅销,五个月内多次印刷,销售一万多册。

德国作家雷马克小说 *Im Westen nichts Neues* 问世,掀起世界反战文学的热潮。当时,一般人已忘却一战的痛苦,而二战的危机迫在眉睫。此书将一战残酷的现实放在人们眼前,是最锋利的反战武器。

1930 年代《现代》杂志这样介绍这本书:

> 不久以前,有一部小说轰动了全世界的文坛,抓住了全世界每一个读者的心,使他们战栗,使六架印书机和十架装订机为这部小说忙碌。在数年内被译成数十国文字,行销数千万册,开从来未有的新书销售的记录。这部小说就是《西部前线平静无事》。当此第二次世界大战的危机日迫之际,一般人已忘却了第一次世界大战时的痛苦,本书正确记录着战时的痛苦印象,为非战的最厉害武器。[①]

我国文学家、翻译家施蛰存后来回忆说:

> 《西部前线平静无事》是第一次世界大战后第一部描写这场战争的小说,1929 年 1 月在德国出版,三个月内,发售了六十万册。英译本出版后,在四个月内发售九万一千册。法译本在十一天内发售七万二千册,这简直是一部轰动全世界的书。林疑今是林语堂的侄子,他在暑假把这本书译成中文。大约在 9 月间,他带了译稿来找我们。……我们把林疑今的

---

① 吴晓东:《〈西线无战事〉与 30 年代的"非战小说"》,《1930 年代的沪上文学风景》,北京:北京大学出版社,2018 年,第 174～190 页。

译稿接受下来,做好付排的加工手续,我和望舒带了五听白锡包纸烟,到和我们有老交情的华文印刷所,找到经理和排字房工头,请他们帮忙,在一个月内把这部二十多万字的译稿排出。……我们的书在 11 月上旬出版……五个月内,再版了四次,大约卖了一万二千册,在 1930 年的中国出版界,外国文学的译本,能在五个月内销售一万多册,已经是了不起的事了。①

寒假过后,宝泉赶快找一所上海的中学(吴江中学)插班读高二,当时报名为林国光(这是他给自己取的名),后面上大学也用这个名字。一年半后国光考上圣约翰大学。

七、圣约翰大学

国光(宝泉)一出生就住在圣约翰大学校园里,现在又回到这里上学,似乎既熟悉,又有些陌生。进门处多了一个牌坊,接待的学长说,这是前年刚立的。牌坊共有四根石柱,石柱前后两面都刻有对联,上面是横匾。牌坊正面的外联是"环境平分三面水,树人已半百年功",内联是"淞水钟灵英才乐育,尼山知命声教覃敷",横匾"缉熙光明"。背面也有两副对联,横额是"光与真理"。

刚进校时,国光被安排住在最靠校门的怀施堂。这是一座中西合璧的四方形圈楼建筑,灰色砖木结构的两层楼,楼下是西式建筑,楼顶是中式宫殿式建筑。楼下用作教室、食堂、图书馆,楼上是学生宿舍,有 60 多间房间,每间住 2~4 个学生。怀施堂是"口"字形建筑,正面中间有一座 4 层塔楼,上面悬挂一个大钟,正面是一

---

① 施蛰存:《我们经营过三个书店》,https://lib.ecnu.edu.cn/msk/43/63/c38979a476003/page.htm.

圣约翰大学门口牌楼

图片来源：《话说上海》编辑委员会编：《话说上海·长宁卷》，上海：上海文化出版社，2010年。

个时钟。命名怀施堂，是纪念圣约翰学院的创办人施约瑟主教。（圣约翰学院由施约瑟主教于1877年筹建，1879年正式开学，第一批学生来自上海培雅书院和度恩书院。[①]）

国光与厦门鼓浪屿来的白格承同住一间屋。房间里有壁橱，可以放衣服与书籍。其他家具需要自己配备。国光与格承一起到静安寺家具店，各自买了床。国光买了铁架床，还配了几块床板。格承买了木架床，配有带弹簧的床垫。至于书桌和椅子，两人就买一样的了。学校里有工友每天负责打扫房间。三顿饭在学校食堂吃，脏衣服可送到学校洗衣房，那里有大型洗衣机为学生洗衣。

学校对学生的作息制度有严格的规定：清晨六点半敲钟，全校学生起床，到楼下盥洗后，于七点入操场，做半小时集体哑铃操。

① 姚民权、罗伟虹：《中国基督教简史》，北京：宗教文化出版社，2000年。

八点到聚集所做点名早祷。八点半吃早餐,九点上课。十二点吃午餐,下午一点再上课,四点下课。凡遇星期一、三、五下午,下午四点半至五点半,全体到操场进行军事操练。下午六点半开始吃是晚餐,七点至九点温习功课、自修。九点半需熄灯就寝,同寝室人也不可交谈。[①] 否则卜校长查房时发现,记了房号,第二天全房间人要到校长室听训。

圣约翰大学怀施堂(现在华东政法大学校内)(梦海摄)

学校还规定:早晨祷告会不得迟到,晨间徒手操和下午军操不得无故缺席。学生下午 4 点后才可外出闲逛,晚餐时间必须返校。到了星期天或节日可早出晚归,但必须在规定时间内返校。国光是来读书的,只有到了周末,有时才回家一趟。

国光选史学为主修学科。史学四年要求修满 12 门课,分别是:"现代欧洲史""英国史""美国史""日本史与日本政府""中国文化之创造力""中国之各种现代运动""中国之国际关系(1895 年

前)""中国之国际关系(1895 年后)""西洋文化""俄国史""西洋美术史""其他专修课程"。①

史学科的课程基本是课堂讲授、讨论,阅读参考书。例如"现代欧洲史"主要讲授欧洲的文化制度及其发展情况,关注民族的进化、工艺的改革和万国同盟会的发展,时段从路易十四起,到近代为止。课本使用劳勃生著《欧史节要》下卷。又如"美国史"课程,着重介绍美国殖民时代、工商制度的发生、南北战争等史实,特别注意英美制度的差异与相同之处,课本使用穆才著的《美国史》。

圣约翰大学同仁楼(梦海摄)

除了上课,国光最爱上图书馆。圣约翰大学有一座罗氏图书馆(Low Library),这座图书馆是因美国哥伦比亚大学前校长塞斯·罗(Seth Low)和他弟弟一起捐赠了许多图书而命名。国光刚到学校

---

① 徐以骅主编:《上海圣约翰大学(1879—1952)》),上海:上海人民出版社,2009 年。

时,图书馆中有一万多册外文书,但中文书很少。后来(1933 年)校友宋子文得知盛宣怀有一大批书想捐赠,在他的帮助下,罗氏图书馆得到盛宣怀私人藏书六万多册,其中绝大多数是中文书。图书馆是两层楼建筑,下层用于藏书,上层用于陈列图书。里面地板光洁发亮,天花板高高的,墙上配有刻花的玻璃窗,是学生最好的学习场所。

国光除了修英语(包括读音、文学、评论、作文、翻译等)外,还要选修法文、德文、日文、意大利文等其中两门。这是因为圣约翰大学一贯以来对外国语言文学类课程高度重视,尤其是对培养学生的翻译能力特别关注。这为圣约翰大学学生接受国际新兴潮流和前沿学科知识提供方便,也为学生们将来向国际社会介绍中国的传统文化储备能力,还为他们融入国际社会、增强国际交往能力打下良好的语言基础。

国光主修历史学,还要辅修政治学、哲学、社会学和经济学。学校希望学生对于历史问题或者政治问题的考察,不能光从历史学或政治学的单一角度考虑,而要从多学科的综合角度来处理。

圣约翰大学还要求文科学生要选修少量数、理、化课程,以免文科学生对科学知识过于无知。

圣约翰大学有许多学生社团,国光与格承一起参加圣约翰福建同乡会。这个同乡会每学期举行常会和交谊会各一次。福建同乡会以闽南人为主(特别是以厦门鼓浪屿人为主,福州人另有一个"榕声同乡会"),会员以音乐、文学和游泳见长。许多人都会一两样乐器,又都在海边长大,所以都会游泳[①]。常在一起的有黄嘉德、黄嘉音兄弟,葛德纯,廖永廉兄弟,陈希圣兄弟等。

---

① 熊月之、周武主编:《圣约翰大学史》,上海:上海人民出版社,2007年。

国光在大学时期（以撒提供）

国光上大学时，正巧德国作家雷马克描写一战的小说出版后，第二年就被好莱坞拍成电影《西线无战事》，影片在世界各国上映。该片受到全世界厌战群众的热烈欢迎，获得第三届奥斯卡金像奖最佳影片奖、最佳导演奖。

1930年代初，中国作家和翻译者长期经历国内军阀混战，对于反战思潮和战争小说有浓厚的兴趣和长期的关注，并深受国际左翼反战思潮影响。德国连续出现了雷马克的《西线无战事》、雷恩（L. Renn）的《战争》、格莱塞（E. Glaeser）的《一九〇二级》等反战小说，这些小说受到全世界关注[1]，也迅速被介绍到中国来。

后来（1962年），美国西雅图世界博览会评选的"电影诞生以

[1] 李今：《二十世纪中国翻译文学史（三四十年代·俄苏卷）》，天津：百花文艺出版社，2009年。

来的十四部最伟大的美国影片"中,《西线无战事》排名第三。1960年代后期,这本书在美国再次被拍成电影。到了 2022 年,德国本国导演将这个故事再次搬上荧幕,新的拍摄技术使战争场面显得更加残酷无情。

国光刚翻译的小说《西部前线平静无事》一版再版,五叔语堂还为小说写了序言。但小说译者是用笔名"疑今",而福建同乡会的人很多是寻源中学的校友,知道国光就是"疑今"。

1930 年暑假,时间比较充裕,国光就开始写中篇小说《旗声》。故事发生在中国华北平原上,一个深秋的夜晚,黄河河岸决堤,滚滚黄水汹涌澎湃,一泻千里,成千上万人的幸福就这样毁灭了。房屋被冲毁,人们无家可归,良田被淹没,颗粒无收,很多人走上了逃荒要饭的路。

有些人逃荒来到上海,绝大部分都到工厂打工,过着从早到晚辛勤劳动,却仍然是吃不饱、穿不暖的悲惨生活。绝大多数青年女工在棉纺织厂工作。小说主人公在建国棉纺织厂上班,早上进厂要搜身,一天工作十二小时不能休息,甚至大小便时间都要受限制。工头动不动就打骂工人。童工一天工钱只有一毛五分钱;女工一天两毛钱,一个月才六块钱;男工多些,但一个月也没有超过十块钱。

进步学生到工厂去,组织工人团结起来,与资本家斗争。工人俱乐部的二十位领袖齐声大喊:"我们正式宣布罢工!"上海十几家棉纺织厂工人集体宣布罢工。

他们的罢工口号是:"我们不是机器,我们是人! 打倒资本家和新兴军阀! 收回租界!"

这本反映工人生活和斗争的小说,于 1930 年在现代书局印行。当时描写工人生活的书很少,因此这本书在社会上引起较大反响,1932 年就再版了。1990 年代,上海影视界想拍摄反映上海工人运动的作品,找到《旗声》这本小说,想要以此为蓝本,改编为影视作品。在洽谈过程中,疑今(国光)查出身患重症,不久就辞别人世。

国光在大学读书期间,二弟也开始读大学,父亲的工资维持全家九口人生活已十分紧张。为了交学费,国光抓紧时间翻译了美国作家亨利·詹姆斯(Henry James)的小说《黛西·米勒》(*Daisy Miller*)。他还翻译了不少短篇作品,如:《小品文做法论(上、下)》(《人间世》第 2、4 期)、《辜鸿铭》(《人间世》第 12 期)、《英国文学史大纲·序》(《人间世》第 26 期);还有些小品刊登在《新文艺》《青年界》《论语》《西风》《宇宙风》等杂志上。

疑今常在一些杂志上刊登作品(梦海摄)

国光还创作了《江南的春天》和《秋水伊人》两部中篇小说。大学最后一年,国光又写了一本小说《无轨列车》,他尝试一种新的写作方法,用一组画面串联出主人公的行动足迹:开始是鼓浪屿龙头街,接着是浮屿到石码的渡轮,再下来是漳州芝山的中学……寒假回厦门,坐轮船到上海……最后画面出现日本帝国主义侵略上海的"一·二八"事变,十九路军奋起抗敌。全上海人民支持,先是工人罢工,接着是学生罢学,然后是商人罢市。最后,帝国主义巡捕开枪,枪杀工人领袖和学生领袖,这样的深仇大恨什么时候才能报?!《无轨列车》于 1935 年在上海良友图书印刷公司印刷发行。

1890 年,圣约翰大学学生开始自主创办学生报刊《约翰声》,起先是月刊,后改为季刊,经费由学校资助。《约翰声》编辑部下设英文部、中文部和事务部。英文部、中文部设有顾问(教师担任)、主任和助理;事务部设总干事、广告主任、会计主任等。每期社论由校长卜舫济撰写,内容有英文和中文两部分。

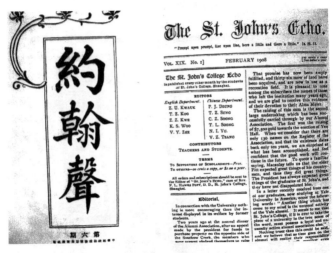

圣约翰大学学生刊物《约翰声》

图片来源:徐以骅主编:《上海圣约翰大学(1879—1952)》),上海:上海人民出版社,2009 年。

《西线无战事》电影放映时,卜校长就听说小说翻译者是本校学生,后来再听说这学生是当年住在办公楼旁边房子里林玉霖老师的孩子,当年在圣大校园里长大的。

1935 年,卜校长让《约翰声》编辑部吸纳国光为英文部主任。而在 20 年前(1915 年),国光的五叔玉堂,也是《约翰声》英文部主任。国光在英文部服务时,荣毅仁则在事务部任总干事①,国光经常要与他联系编辑出版事务。因各项成绩突出,毕业时林国光获圣约翰大学授予的金钥匙奖。

国光大学毕业后,父亲带大家去照相馆照了一张全家福。不久以后,抗战全面开打,几个大孩子各奔东西,全家人再也没有机会聚在一起了。

全家福(摄于 1935 年,以撒提供)

注:父母间是小女儿宝璟,两侧分别是老五宝彝、老六宝爵,后排分别是老三、老二、老大、老四:宝锺、宝鼎(国荣)、宝泉(国光、疑今)和宝镛。

八、毕业后到贵州、香港

1935 年,国光以优异成绩从圣约翰大学毕业。因圣约翰大学

———————————

① 新中国成立后,荣毅仁曾任上海市副市长、国家副主席。

1905 年已在美国注册,美国许多大学都承认它的学位,可以免试入学读研究生,但往返美国的路费和在美国的生活费得自己准备。

国光毕业后在上海找不到工作,听说贵州医学院刚开始办,在招聘教师。虽说贵州是边远省份,山深匪多,但医学院在贵州省会贵阳市,应该会好些吧。真是初生牛犊不怕虎,国光告别了在上海的母亲和弟妹,只身一人带了简单的行李向贵州出发。

大学毕业时的林国光(以撒提供)

国光先坐江轮溯长江而上,刚开始江面还很宽阔,到了南京,有不少人上船。过了一天多,船开到武汉。武汉三镇屹立在江边,不少人下船,还有不少人上船。过了武汉,江面逐渐变窄,江水变得汹涌澎湃。虽然江轮有柴油机动力,但一路上还见船两边的纤夫喊着号子,一步一步拉着轮船,逆流往前迈,实在很艰难。又走了三天,才来到了重庆。到了重庆,国光再换汽车,从重庆坐汽车先到遵义要一天,再从遵义到贵阳,还要一天。一路上走了十来天。

国光到贵州医学院报到,新来的教师一人一间单身宿舍。贵阳虽说也是南方,与厦门纬度差不多,但早晚气温相差较大。刚来时是九月初,白天虽然还很暖和,但早晚已经比较凉爽了,可能因为这里是山区的缘故。

国光安顿下来后,不久就开始上课了。国光承担两个系的公共英语课,内陆学生的英语基础较差,只能从基础教起。平时晚上没事,国光就拿着鲁迅的短篇小说《故乡》《祝福》,试着译成英语。① 贵州的天气,晚上又比较凉爽,工作效率较高。这样的日子过了一个多月。

有一天晚上,国光正在全神贯注译书,没注意周围有什么动静。突然,门外闯进一个蒙面大盗,手上举着明晃晃的匕首。他一脚踢翻国光的座椅,将国光一把按倒在地。强盗将匕首对着国光的脸大喊:"你是要钱还是要命?"他的喊话带着浓重的地方腔,国光起先没听懂他在喊什么。强盗又喊一遍:"你是要钱还是要命?"国光愣了一会才明白过来,回答说:"我没钱,我要命。"强盗看看房间里空无一物,没有什么油水可捞,就在国光的嘴唇上划了一道,见个红,放开他,扬长而去。国光觉得嘴上十分痛,手一摸,一把血,自己吓了一跳。还好在医学院里学生都是学医的,学生赶快为国光消毒,然后缝了几针,包扎起来。

国光写信回家,告诉家里自己遭强盗抢劫,因为没有钱,也就没有什么损失。他不敢将自己受伤的事情告诉家里。家里收到来信后十分担忧,叫他回来算了。国光也不想待在贵阳了。他想,可以到香港去试试运气。

---

① 鲁迅著,林疑今译:My Native Town(《故乡》),《民众论坛》(*The People's Tribune*)第11卷第6期。鲁迅著,林疑今译:The New Year Blessing(《祝福》),《民众论坛》(*The People's Tribune*)第12卷第1期。

　　国光等伤口愈合后，就离开贵阳，先坐长途汽车到广西河池，再换车到柳州、梧州，然后乘船沿西江直达广州。到了广州，去香港就非常方便了，陆路、水路都可以走，要是有钱还可以坐飞机。

　　国光知道大姑住在香港，他到那里可以有落脚点。到达香港后，大姑见到国光，也看到他嘴上的伤口，知道他这趟走得不容易。大姑给他出主意："你在香港不用去找大学职位。不是想赚钱吗？香港中学英语教师工资也不低，你是圣约翰大学的高才生，不怕找不到好中学去教。再说买船票，香港这里有好几家轮船公司，经常有到美国的船票促销、打折，买到这样的船票，不比你多教几个月书还合算！"

　　国光听了大姑一席话，胜教几个月的书。他很快找到香港圣士提反书院，应聘书院的英文教师，工资确实比贵州低不了多少。只是香港的学生只会讲广东话，不会讲国语，国光的首要任务是学广东话。

　　因为讲不好广东话，疑今（国光到香港工作就用"疑今"这个笔名）上课干脆整堂课都用英文讲。有的学生以为他是刚从国外回来的，有的学生觉得这样也很好，锻炼锻炼，将来到国外更适应。但国光还是很认真地学习广东话，因为小吃摊的老板可不会讲英语，他还要吃饭。同时，国光也经常去关心轮船公司的广告和促销活动。

　　这样过了半年，机会来了。这时已是 1937 年秋天，日本人强占完东北，进一步进攻华北，中国内地的富人开始转移财产，下一步是举家搬迁。上海、香港去欧洲、北美的船票卖得很快，但主要是头等舱、二等舱，三等舱没人要。但轮船公司不能做赔本生意，就利用三等舱搞促销，一是三等舱七折优惠，若是买两年期往返船票，还可以五折优惠。相当于本来一趟的三等舱船票钱，现在可以买一个往返的。

　　疑今想，现在不走，更待何时。他买了"美国总统号"轮船（昌兴轮船公司经营）从香港往返美国西海岸的船票。疑今先告诉任教的圣士提反书院校方，他于 11 月辞去教职。然后到街上买了几件冬天的外套，因为他想去哥伦比亚大学留学，纽约纬度比较高，相当于中国华北地区。

九、赴美国哥大留学

疑今买了 1937 年 11 月去美国西海岸的船票（三等舱、两年期往返票），他分别写信给父母亲，并告诉大姑自己已买 11 月的船票。这一去，估计要到 1939 年夏天以后才能回来。

小时候，疑今跟随父亲去厦门，经常坐船。这次疑今坐上了去美国西海岸的大客轮。他拿着船票来到三等舱，这是一个大通舱，没有窗户，在轮船的吃水线下，好在人并不太多，所以也不会很嘈杂。疑今找了个有灯光的地方，好看看书。晚上开船了，疑今到餐厅吃晚餐，没想到在船上还遇到了熟人，就是在圣约翰大学的学生刊物《约翰声》一起干活的荣毅仁。他比疑今低两届，刚毕业，也坐船去美国留学。两人在一起吃饭后，荣毅仁招呼疑今到他房间坐坐，他的二等舱四个人一间，有窗户，但在甲板下。

第二天中午，在午餐时，竟遇到了同样来自圣约翰的孔令侃。三个人一起吃饭，孔说现在我们可开圣约翰同学会了。孔乘头等舱，房间在甲板上，全船没有几间这样的房间。

轮船在海上漂了半个多月，有时疑今也爬到甲板上看看，但在大洋里行船，茫茫大海望不到边，不像以前厦门到上海的小火轮，时常在岸边行驶。到了 11 月下旬，轮船才抵达西海岸旧金山（圣弗朗西斯科），好在有几个老同学聊天。到岸后，孔令侃马上有车子接走。荣毅仁对疑今说，他去住旅馆，过两天才飞学校。疑今赶紧到旧金山火车站，买上太平洋铁路的客货两用火车的车票。美国人大都开汽车,也有不少坐飞机,只有穷人才坐这种火车。

太平洋铁路横贯美国东西,从旧金山经芝加哥等地开到纽约。疑今在大学修"美国史"时,曾听教师介绍过,为了确定这条线路的走向,曾有过激烈的争论。因为这条线路不仅要载客,更重要的是把西部的矿产运往中部、东部的工厂、企业。从旧金山上车,火车经过塔霍湖就沿着汉博尔特河前进。过了盐湖城,火车线就沿海拔较低的地方,穿过落基山脉。之后,火车经过奥马哈,路就比较平坦。再到芝加哥,进入大湖区,铁路边就比较繁华了。再往东,经过托莱多、克利夫兰、布法罗后,沿岸的湖区风景十分优美,空气也清新舒适,马上就要到纽约了。

到了纽约,疑今直奔哥伦比亚大学。人们说纽约寸土寸金,而哥伦比亚大学却占据黄金地段曼哈顿的大片土地。狭长的曼哈顿按南北分,北端为上城,南端为下城,哥伦比亚大学在上城。

走进哥伦比亚大学校园,两尊挺拔的雕塑屹立在眼前,守护着哥大的教育理念——科学与艺术。这所学校的历史比美国的历史还长,是美国最古老的 5 所大学之一。

哥伦比亚大学 1754 年成立时,称为"国王学院",当时借用圣三一教堂为校址。美国独立战争后,改名为哥伦比亚大学,后来学校获立法院捐赠的土地才开始建校园。校园的中心点是一座图书馆(Low Library),图书馆捐赠者塞斯·罗(Seth Low)曾任该校校长十几年。

哥大有 16 个学院,其中以教育学院、商学院、法学院、国际学院和新闻学院这五大学院的研究院尤为出名。学校有 26 个图书馆,有 600 多万册藏书。

疑今先到学校研究院注册了英美文学专业。他没有交通工具,只能在学校附近租了一户人家的一个房间。白天在学校上课,没课时到图书馆看书或做作业,晚上才回房间睡觉。

哥伦比亚大学罗氏图书馆

图片来源:M.S.达勒姆著,陈正菁、王尚胜、白秀英译:《纽约》,沈阳:辽宁教育出版社,2001年。

这时欧洲战争已进行了多年,法国已被德国占领,英国也被德国打得头破血流。美国学校内研究生,特别是法学院的研究生,经常围着一台无线电收音机,小心听着希特勒极具煽动力的演讲。演讲者歇斯底里,如魔鬼附身,哥大学生听了,有的眼睛瞪着白墙,不知在想什么;有的狂抽着烟,完全改变平时嬉笑自若的态度。他们知道欧战形势的严重性,美国这次不能像上一次大战那样暂守中立、从中渔利。倘若英国溃败,世界大势必变,美国就左右为难了。

那时美国报界一时盛传英国准备迁都加拿大。上至大学教授,下至小报记者都在捕风捉影,草木皆兵。美国人之所以这样紧张,是因为倘若真是如此,美国在美洲的地位势必受到挑战。

没过几天,疑今在图书馆遇到鼓浪屿来美的葛德纯,他也是圣约翰大学的毕业生,比疑今高一届,去年已来哥大留学,注册语言学专业。他是鼓浪屿德国领事的儿子,当年住在鼓浪屿德国领事馆旁。后来他父亲卸任回国了,他与母亲相依为命。但他父亲还是负责任的,从德国寄钱给他上大学,现在还供他读研究生。但最近因为欧战,德国经济也不好,马克一直贬值。葛德纯也想勤工俭学,与疑今商量有什么门路。

疑今先想到能不能来翻译书。但现在中国被日本侵略,一是没有出版社要出书,二是没有人买书看书。要不找一本中国古代小说,翻译成英文,在美国出版? 疑今与德纯商量:"我们来翻译《老残游记》吧,这本书每个故事是独立的,译多少是多少。"译了一部分后,他们去打听出版社,但是没有人介绍,出版社根本不看他们的译文。

最后两人还是在哥大的图书馆找到半工半读的工作。德纯打字速度很快,而且英文、德文都能打,他负责帮图书馆打印各种资料报告。疑今负责将图书馆购进的中文《四库全书总目提要》翻译成英文,制成图书馆卡片。疑今所在的东亚图书馆还有一段感人的历史。

哥伦比亚大学 1901 年才开办汉学系,而发起人竟是一个被卖到美国的苦力丁龙。他在加州卡本尼埃家当管家,到了晚年,毕生积攒了 12000 多美元。主人为了感谢管家的忠心耿耿,愿意倾其所能来满足他的一个夙愿。出乎主人意料的是,丁龙既不想要一笔退休金,也不是要返回祖国,而是希望主人帮他在美国一所著名大学办一个汉学系,来研究中国,促进中美交流! 主人被管家的要求深深感动,他拿出所有积蓄来满足管家的愿望。后来清政府知道这事后,慈禧太后捐赠了 5000 多册珍贵图书,李鸿章与驻美使节也有捐赠。后来汉学系研究内容扩大到东亚,改名为东亚系,相应的图书馆即东亚图书馆。①

---

① 彭小云:《哥伦比亚大学》,北京:军事谊文出版社,2007 年。

攻读英美文学的研究生要阅读大量英美文学作品,好在疑今英文程度高,阅读速度快,有些作品在大学时就看过,现在是写些读书报告或开展课堂讨论。疑今还选修了翻译课程,除了学习翻译理论,主要是学习笔译的方法与技巧。接下来就是写一篇硕士论文,疑今选了关于文学翻译中的技巧,因为有实践体会,写起来得心应手。

转眼疑今一年的研究生课程已修完,硕士论文也已写好,拿到了文学硕士学位证书。时间已经到了 1939 年夏天,中国的抗战进入更艰难的阶段,沿海大城市接连沦陷,连华中一些城市都危在旦夕。日本人拿着从美国买来的汽油,开着飞机,在中国国土上到处狂轰滥炸。

疑今的中美往返轮船票也快要到期。他与老师、同学告别后,告诉葛德纯,他把《老残游记》的译稿 *Tramp Doctor's Travelogue* 带回中国,看能不能出版。自己准备绕道加拿大,坐东西横贯的北线太平洋火车到美洲西岸去乘船回国,顺便也游览一下加拿大。

疑今坐的是纽约—蒙特利尔(加)联车,从纽约上车,车上没有多少人。火车经过哥伦比亚大学,到了郊外,疑今远望东亚图书馆,想到在那里的日日夜夜,似乎有一种家的感觉,有些不舍。哈德逊河上薄冰未化,没有船只,冷冷清清,岸上遍地都是积雪。

火车越往北开,积雪越多,气温也在不断下降,好在车上有暖气设备,不至于受冻。火车开过森林边,不落叶的松林覆盖着厚厚的雪衣,构成美丽的雪景。车子接近加拿大边境,上来一群滑雪者,他们讲着法语,十分热闹。到蒙特利尔要过移民局,因昌兴轮船公司人员迟到,疑今到移民局地下室关了一阵。

出来后,疑今到蒙特利尔这个加拿大第二大城市游览。走出火车站一段路,就来到圣母大教堂,这里大部分居民讲法语。这是北美最大的天主教堂,内部胡桃木的装饰、耀眼的彩绘玻璃窗、宝蓝色的天花板和金色的星星,使人一进教堂就感到它的庄严与神圣。

蒙特利尔市的天主堂

图片来源:艾佛瑞著,姚立群等译:《加拿大》,沈阳:

辽宁教育出版社,2002年。

　　这里还有著名的植物园,但现在这个季节不适合游览。疑今还在老城区转了转,灰色的石板路、古老的建筑、店里复古的招牌和保存完好的蒸汽灯,使人感受到一百多年前的蒙市。

　　疑今晚上回到火车站赶车。这条北太平洋铁路的客车,要比一年多前在美国坐的客货两用车好得多。火车沿着苏必利尔湖开,天气越来越冷,经过一个城堡,疑今也没下车。第二天晚上火车开到盛产麦子的温尼伯城,停车一个半小时,车上服务员告诉疑今,那里有个唐人街。火车上饭菜既贵又难吃,疑今就跑下车吃了顿饭。大概到这里的华人不多,回车站时疑今被记者拉住,问了关于美国和中日战争等问题,幸亏火车马上要开,采访才草草结束。

　　火车开到落基山脉附近,天气渐渐暖和起来,风景也越来越美丽,恍如梦境。落基山脉纵贯北美大陆。在美国部分,山脉西部比较荒凉;到了加拿大南部,却是东冷西暖。火车开到卡尔加里,这里往西一百多公里就是加拿大的班夫国家公园的大门。这里有温泉,因而在寒冬腊月也有流动的瀑布与山顶的雪景相辉映。蔚蓝的湖水、岸边墨绿的松林与远处白雪覆盖的群山,汇集在一处,大自然的画笔如此豪迈,使人赞叹不已。

加拿大班夫国家公园

图片来源:艾佛瑞著,姚立群等译:《加拿大》,沈阳:辽宁教育出版社,2002 年。

　　最后火车开到温哥华,疑今结束了加拿大之旅,城里已经满街灯火。因为落基山脉遮挡了北极的寒风侵袭,墨西哥暖流又带来了温暖,温哥华成为加拿大最大的海港城市。疑今站在太平洋的东岸,遥望西岸的故乡,心不禁怦怦而动。疑今坐上温哥华到西雅图的轮船,再从那里坐船回上海。

第三章

抗战岁月

十、美国归来

母亲翠竹与妻子云轩（以撒提供）

　　疑今十六岁时，母亲生了一个女儿，她是家里唯一的女孩，父亲给她取名为宝璨，上面有六个哥哥，她排行第七，也叫七妹。大家都喜欢她，爱逗她玩。没承想到了七八岁，她得了小儿麻痹症。

当年这是疑难杂症,宝璎被送到工部局办的宏恩医院,住院治了很久,这是当时上海最好的医院。她住在儿童病房,翠竹每天去探视。负责这间病房的护士叫孙云轩,时间长了,大家也就熟悉了。

父亲玉霖与五弟宝彝、六弟宝爵和七妹宝璎(以撒提供)

　　云轩出生在大运河边扬州段高邮的姓孙的大户人家,父亲已去世,母亲在家主持家务。家里有好几个哥哥,年纪比云轩大好几岁。大哥读了大学后出去留学,当时已经回来,在北京大学教书。二哥、三哥还在外面留学,四哥在读大学。

　　云轩从小看到高宝湖上鸭子成群,运河边的船只穿梭不停。她十五岁从高邮到上海,读护士学校,一切都与家乡太不一样。三十年代的上海已是高楼林立、车水马龙,夜间霓虹灯把大马路、二马路照得如同白昼。云轩到上海,觉得一切都很新鲜,一切都要学。首先要学上海话,否则会被看作乡下人。在护士学校里,除了学医学知识、护理技能,还要学英文、记拉丁文药名……几年的学习生活很快就过去了。

毕业后云轩到工部局办的宏恩医院(现华东医院)工作。医院有三座大楼,呈"工"字形排列,医疗设备很齐全。医院里主治医生大多是外国人,医嘱也用外文,好在云轩在护士学校里都学了,能适应医院的工作。

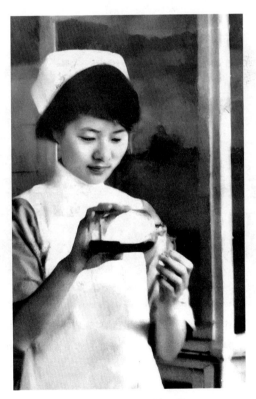

云轩学当护士(以撒提供)

外国人办的医院,规章制度十分严格,护士上班要做许多工作,不仅要按医嘱打针、发药,还要护理病人(医院不许家属陪护)。若是遇上不能动的病人,擦身、按摩及换衣服、换床单等工作都在护士职责范围之内。护士是十二小时倒班,工作相当辛苦。但医院福利很好,医院为年轻医生及护士提供宿舍,医院餐厅菜肴也十分丰盛,院长还经常检查餐厅伙食。因医务人员长期接触病人、病菌,如果营养不良,身体会扛不住。云轩在医院时,上班认真工作,下班休息时,经常与同伴上街逛商店或看电影,这样的日子过了几年。

云轩工作的工部局医院(宏恩医院,现华东医院十号楼)

图片来源:袁念琪:《上海起步的地方》,上海世博人文地图丛书(黄浦卷),上海:上海百家出版社,2010 年。

有一天,云轩工作的病房来了一个七八岁的小病人。女孩住院多日,她母亲来探视,与女孩用一种方言交谈,云轩听不懂。后来问女孩,才知道她们是福建人,讲的是闽南话。女孩病情逐渐好转,医生来巡房时,女孩就给医生敬礼,要求医生少给她打针。大家都觉得这女孩很有趣,慢慢与这对母女熟悉起来。女孩母亲林太太说,她有六个儿子,这是她最小的孩子。林太太觉得孙护士很和气,聊家常才知道她一人在上海,就邀请她去家里玩。

林太太家住静安寺附近的三义坊,这是三层楼的弄堂房子。林先生在厦门大学教书,常年不在家。他们有六男一女,现在上海是老二、老三、老四和老六。云轩因上海无亲人,这家人对自己很友好,有空就过去玩。林太太觉得孙护士脾气好,长得也好,个子高高的,脸也很漂亮。自己有几个儿子已成年,所以认云轩做干女儿,希望将来可以做儿媳妇。

林太太经常给云轩说大儿子的事。大儿子原名宝泉,从小英文不错,高中时跟他五叔学翻译(五叔就是作家林语堂),翻译了《西部前线平静无事》,笔名用"疑今"。书出版时,同名电影正在热映,一下子出了名,后来工作时就用这个名字了。他在大学还写了好几本书,现在美国纽约哥伦比亚大学留学。

过了一段时间,疑今回国了。云轩本来十分好奇,觉得不知作家是什么样的人物,没想到疑今就是一个普通的英俊青年。交往了一段时间,疑今就向云轩求婚。云轩心想:这个作家怎么一点都不浪漫。其实那时已是抗战中期,日本人已从中国东北侵略到华北,占领南京后直逼上海,国民军在上海四行仓库抵抗失利后,最终上海也沦陷了。疑今回国后在中央银行任职,银行要撤退到当时的陪都重庆,职员都跟着撤,疑今希望与云轩的关系尽快确定下来。

两人于1939年9月在上海国际礼拜堂(今沐恩堂)举行了隆重的婚礼。婚后一周,疑今就随银行撤离了。云轩要不要跟去?大家分析了各方面的情况:上海虽已沦陷,但毕竟还是国际大都会,有许多外国租界,日本人一般不敢进去胡作非为,遇事可进去避一避。家里婆婆身体不好(有心脏病),弟妹又小,公公在厦门已随学校内迁长汀,无法顾及上海,只能是云轩留在上海帮婆婆照顾

疑今与云轩结婚照

一大家人。

从 1939 年到 1945 年抗战胜利,这漫长的六年时间,云轩与婆婆一家相依为命,渡过了一个个难关。相处久了,大家才知道云轩家里也是七个兄弟,就她一个女孩(排行第五),但家里对她并不好。因她出生后,家里经济就开始衰败,家里人迷信,就怪运气不好是她害的。她家里几个兄长都读了大学,大学毕业后,还到外国留学;她下面的五弟、七弟还在读高中。云轩也很想读大学,大哥(孙云铸,后来任中华人民共和国地质部地质科学研究院副院长)很支持她,说她可以来北大地质系听课。结婚后,疑今对她说,读大学是好事,但不一定要读地质(整天在荒山野岭找矿太辛苦)。后来云轩生了孩子,这事就不了了之。

抗战时期,云轩的大哥随北大撤退到西南昆明,在西南联大任教。虽说是大后方,但条件也十分艰苦,大哥不但要教学,寒暑假还带学生到云南、贵州,到处找寻矿藏。二哥学矿业开采,留学回来后,在开滦煤矿任总工程师。有一次矿难,他下矿处理,最后也被轧在里面了。三哥是学医的,留学回国后,在北京医院里当医生,北京已经沦陷,在日本人欺压下,日子也不会好过。四哥去法国留学,他是学制药的。五弟则刚去美国留学,他是读图书馆学的。七弟还在国内读高中。

疑今的三弟宝锤是学工科的,动手能力很强,家里水电都是他安装的。抗战时他不幸染上肺结核,当时又没有特效药,眼看着一天天衰弱下去,过两年就病逝了。后来四弟宝铺也染上肺病,那时特效药"盘尼西林"才刚研制出来,很贵而且很难买。幸好云轩的四哥是学制药的,刚从法国留学归来,帮云轩弄了些药,宝铺的病情才稳定下来。

1940年五叔语堂一家到重庆,天天躲防空洞,什么也干不了,只好再出国,至少还可为中国抗战做些宣传。1941年珍珠港事件后,中国抗战更艰苦了。许多邮路都中断了,在福建长汀教书的玉霖早已与家里失去联系。日本人经常轰炸重庆,疑今也处在危险之中,邮寄工资因邮路时通时断不稳定,美国参战后,邮路基本就断了,家里大小的伙食都很难维持。家里婆婆和四弟是病人,六弟与七妹还在上中学,一家的重担都压在云轩身上。1942年后,日本人把粮食都拿去做军粮,市民很难买到粮食,即使买到也是霉变的糙米,里面还掺了草根和碎石子。日本人在上海为所欲为。云轩一次上街,看到一个日本兵无缘无故抓起一个小孩,一下子挑在刺刀上,活活捅死,回来后,云轩好几天吃不下饭。

1943年初,疑今的三叔林憾庐(和清)病倒。1936年憾庐接替五叔语堂办杂志《宇宙风》。抗战全面爆发后,一些杂志到内地办刊,大多数杂志就停刊了。当时反映国土沦陷、揭露敌军狂轰滥炸,反映民众奋力抵抗的文章很多。为了留下中国人抗战的声音,憾庐坚持在战火中办杂志。《宇宙风》编辑部先在上海愚谷村,后来搬到上海法租界里。发表的文章中，《人在死亡线上》是对敌机轰炸下的武汉的素描，何适的《衡阳被空袭》、金刚的《退出青岛》都是战地报道。杂志登载高路罕的《烽火归来》，写的是许多人都在逃难，而一个航空兵却逆向而行，从国外归来参军报国。孜桀写的《伤兵俱乐部》描写慰问伤兵的情形。憾庐十分关注上海的抗战情况，他把各主要报纸杂志上有关上海抗战的情况收集起来，编成《上海抗战全史》。

为了尽量登载稿件，三叔一度将《宇宙风》从半月刊改为旬刊。三叔还增办了杂志《见闻》，登载纪实文学。创刊号登了巴金的《杂感》(连载)、靳以的《在轰炸中》、憾庐的《摧残不了的生命》、沉舟的《厦门血战中的壮丁队》、陈阵的《从魔爪下的江阴来》等。

《宇宙风》在上海实在办不下去了，就迁到广州办，最后迁到广西桂林。三叔憾庐一人要兼顾两个杂志，审稿、改稿、编辑、印刷……十分操劳。三叔的两个孩子翊重（伊仲）和伊盘，也尽量帮助父亲。战火中办杂志十分不容易，不仅天上日寇飞机炸、地上鬼子打，还要克服运输困难。有时杂志印好了运不出去，就要赔钱。三叔为了抗战，赔钱还是坚持要办，一定要发出中国抗日的声音！

三叔终于积劳成疾，五十一岁时（1943年）就病逝在

三叔憾庐

桂林。五叔听说后，从美国赶回来。先到中国西北，代表华侨慰问西北抗战部队。之后又赶到桂林，慰问三嫂一家人。最后他约二哥玉霖（随学校内迁长汀）在韶关见面（大哥已去世），然后带了二哥的二儿子宝鼎（国荣）赴美留学。以后国荣就一直陪伴在五叔身边。

五叔语堂与二弟宝鼎、弟妹鹏侠（鹏侠提供）

十一、抗战时期在重庆

抗战时期，国民政府中央银行从上海迁南京，之后迁武汉，最后 1938 年内迁重庆。开始在重庆渝中区打铜街道门口 9 号，是一座 5 层大楼，建筑面积 2500 平方米，地下两层为金库。

1939 年，疑今刚到重庆时，政府正颁布《战时健全中央金融机构办法纲要》，正式成立中央银行、中国银行、交通银行和中国农民银行的四联总处，为国家最高金融机构。总部先是设在香港，后来随着战事发展，1940 年 7 月金融总部迁到重庆。

疑今到中央银行的国际贸易处,主要工作是翻译一些经济信息。办公室对面桌子坐的是一位经济学家郭家麟(后任上海财经学院教授)。郭先生觉得疑今英文比较好,翻译过好几本书,后来发现他还写中文小说。疑今则觉得财经贸易有许多问题可向郭先生请教。两个人都没有带家眷,经常在一起聊天。国际贸易处还有一个福建人林纪熹,听说是林则徐的后裔之一,后来到厦门大学外文系工作。

1940 年后,日本飞机对重庆的轰炸越来越频繁。许多政府机关挖了防空洞,一有敌机来大家就钻防空洞里,有时要待大半天,敌机飞走才能出来。但金融、国际贸易有很多业务要做,最后银行搬到江对岸的南岸区,在南山公园一带。当时没有长江大桥,来回要靠小火轮摆渡。这里树木旺盛、人迹罕至,敌机根本不知道这里有重要机关。

业余时间,疑今在重庆寻找一些内迁的文化出版单位,看看能否出版与葛德纯一起翻译出来的 *Tramp Doctor's Travelogue* (《老残游记》)。疑今在美国哥伦比亚大学时,看过海明威(Ernest Miller Hemingway)写的《太阳照样升起》。作品描写一战后,旅居巴黎的英美青年消极的生活,以及他们因战争带来的毁灭感而成为"迷茫的一代"。疑今想翻译海明威的另一部小说 *A Farewell to Arms*。arms 是一个双关词,既可理解为臂膀,也可翻译为武器。刚开始翻译时,疑今将它理解为臂膀、怀抱,小说名为《战地春梦》。1940 年 11 月,上海西风社初版发行《战地春梦》,出版后十分热销。西风社 12 月再印了几千本。疑今在抗战中亲身体会了战争的残酷与恐怖。二战结束后,疑今对战争、和平等有了更深刻的理解,书名改译为《永别了,武器》。

海明威写这本书,是结合了他自己在一战中的经历。此书在美国一出版,评论界推崇备至,这是海明威以前没见过的。小说描写了美国救护队司机亨利和英国护士凯瑟琳在意大利战场的恋爱故事,从一个侧面反映第一次世界大战的概貌。

亨利是个热血青年,响应政府召唤,自愿到意大利战地服役。他目睹军队内外的许多腐败现象,看到列强之间相互残杀的惨剧,终于带情人逃离战场,到瑞士组建小家庭。可惜,凯瑟琳死于难产,留下孤零零的亨利在雨中徘徊。

小说情节起伏,故事感人,文笔清新。亨利和凯瑟琳犹如现代的罗密欧与朱丽叶。这部小说使海明威的声望达到高峰,他成了大萧条时期美国文坛冉冉升起的一颗新星。不久,《永别了,武器》被白宫图书馆收录。

第二年,纽约出版社传来好消息,好莱坞打算向海明威购买《永别了,武器》的电影版权。辛克莱·刘易斯(Sinclair Lewis)在荣获诺贝尔文学奖时,祝贺斯克莱纳出版社近年出版了两本最优秀的长篇小说——海明威的《永别了,武器》和伍尔夫(Thomas Wolfe)的《天使,望家乡》。尽管经济大萧条严重影响图书销售,但辛克莱的推荐仍很受欢迎,《永别了,武器》一直荣居畅销书单榜首。①

《永别了,武器》封面(梦海提供)

---

① 杨仁敬:《海明威的一生》,厦门:厦门大学出版社,2020 年。

1941年2月,海明威和妻子到中国访问。妻子玛莎·盖尔霍恩(Martha Gellhorn)是著名战地记者,受美国某杂志派遣,要到中国采访,她鼓励丈夫一起去。海明威早在一战时期就是欧洲战地记者,他同意了。出发前,美国政府得知消息,让海明威为政府收集一些情报,并写一份调查报告。他们到香港,中国政府派孔祥熙夫人及行政院秘书到香港迎接。(据说,孔祥熙当年留学时住在海明威父亲家里。)疑今应香港《大公报》之约,撰写了介绍海明威的生平和作品的文章。

大后方的民众对海明威充满了期待。4月初,海明威夫妇来到重庆,受到国民政府隆重接待。接待宴上的山珍海味与抗战前线的战士装备形成强烈的对比,使海明威咽不下这些美味。在文艺界组织的欢迎会上,疑今见到了这位爱憎分明的美国作家。海明威健壮的体魄、睿智的眼神和简洁明了的语言,完全征服了疑今。当会议组织者将疑今介绍给海明威时,疑今握住海明威温暖而有力的大手,心想:只有在战争一线的人,才能写出深刻描写战争的作品。海明威的到来,又引起《战地春梦》在中国大后方的热销。

1943年,抗战进入最后的决战阶段,前线十分紧张,后方食品供应更是短缺。重庆沪江、东吴联合大学英文教师也人员紧张。疑今在朋友介绍下到联合大学兼课。日本飞机对重庆狂轰滥炸,白天基本要跑防空洞,只有夜晚才是安宁的。疑今晚上到沪江西迁的法学院为学生上英文课。

再说上海的家人。一次日本人说三义坊进了嫌疑分子,在弄堂口用绳子一拦,就说是戒严,不许人进出。几天下来,家里吃的都没了。有人去贿赂看守的宪兵,才能从外面传些食品进来。直到1945年8月的一个晚上,有人从无线电收音机,听到日本人投降的消息,就在弄堂里用上海话大声说:"我快活得来,我快活得来。"别人问他为什么,他答:"日本投降了!"好消息像风一样传遍了三义坊、长义坊弄堂。可是马路上的日本兵还在耀武扬威,大家将信将疑。第二天下午宪兵不见了,晚上到处是鞭炮声、欢笑声,中国人终于迎来了胜利。

抗战胜利后,疑今翻译的美国恩尼·派尔(Ernie Pyle)的《勇士们》在重庆中外出版社出版。

接着,疑今翻译了一些与银行题材有关的小说,如美国詹姆斯·凯因著的中篇小说《侵吞存款者》[①],在《银行通讯》连载大半年(1946年新7~15期)。1947年春天翻译的美国 D.伦杨的短篇小说《劫库记》,也在《银行通讯》连载。

他还翻译了海明威的短篇小说《杀手》[②],在《金融日报》上连载(1947年5月18日、20日、22日)。可能因为这些作品发表在金融杂志上,文学界知道的较少。

十二、父亲随校迁长汀

父亲玉霖从厦门大学建校时就在厦大,先是负责监督总务处基建,盖群贤楼群。1923年,外文系成立,他就在外文系教英文。周辨明为首任系主任,林文庆校长亲自抓外文教学。

学校1926年公布的《外文系学程纲要草案》规定外文系本科生为四年制,开设27门课程,其中英文专业课16门,包括:英文发音学、英文学选读、英文修辞学、英汉对译、英文演讲及辩论、英文文学纲要、英文作文等。经过五年实践,1930年正式公布《外文系

---

① 陈智淦:《林疑今文学年谱(1929—1992)》,《闽台文化研究》2020年第4期。

② 陈智淦:《林疑今文学年谱(1929—1992)》,《闽台文化研究》2020年第4期。

学程纲要》,还增开了多门课,如英国文学批评、美国文学和圣经文学等。对每门课还有具体要求。例如"英文一"的课程要求是:全校各院系一年级必修课,目的在培植学生英文根基,使其能熟练应用、矫正发音、自由看书。另外还要求每学期课内读英文书两部,课外还要读一部英文书。①

1927 年厦门大学全体教员合影

注:第四排中间外籍专家艾锷风(Gustav Ecke)左右侧为林语堂、林玉霖。

1930 年代,世界经济危机席卷全球,波及南洋橡胶业。有人操弄国际市场橡胶售价,从 1920 年代的每磅 2 先令先降到 6 便士,1930 年代竟然跌到每磅橡胶不到 1 便士!东南亚橡胶园内哀号一片②。厦门大学创办人陈嘉庚的企业收盘后,厦大经费日渐

① 林郁如主编:《厦门大学外文系系志》,内部资料,厦门,1993 年。

② D. G. F. 霍尔著,中山大学东南亚研究所译:《东南亚史》,北京:商务印书馆,1982 年。

紧张,虽然争取多方支援,但仍入不敷出。学校当局不得已,一再裁院并系,从五个学院二十一个系裁减至三个学院九个系。面对这样的严峻形势,校主陈嘉庚如坐针毡。他考虑再三,于1936年5月向福建省及教育部提出申请,申请将厦门大学收归国立大学。福建省与教育部讨论后,要求学校再维持一年。1937年5月,林文庆校长受陈嘉庚之托,专程前往南京说明情况。1937年7月1日,南京国民政府核定,私立厦门大学正式转为国立。

7月6日,教育部呈行政院核准,任命清华大学物理系萨本栋教授为厦门大学校长。第二天,七七卢沟桥事变爆发,日军大举进攻华北、华南。战火瞬间烧到福建。7月底,教育部派员陪萨本栋来厦,接管厦门大学。第二天,教育部电令撤销法律系,增办土木系。学校又公布了新任职员名单与留任教员名单。中文系与外文系合并后仅留7名教师,疑今父亲玉霖虽是厦门大学创办时期人员,但不在留任名单。他从法律系教员那里得知,福建省在筹办福建大学,法律系为重点建设院系,他们非常需要外文教师,玉霖与法律系教师一起到福建大学筹建处。由于日军的狂轰滥炸,福州、厦门都不是久留之地。厦门大学于10月开始筹划,12月底迁往闽西长汀。玉霖到了福建大学筹建处,随内迁的学校到了永安。福建大学先设立法、医、农三个学院,1939年秋季开始招生,玉霖在福建大学法学院教英文。[①]

萨校长受命于抗日的危难之时,他满怀爱国热忱,要为教育事业献身。他说:"现在不是推诿责任的时代","须一身肩负二人之重任,一日急就二日之操作"。要实现以上诺言,没有牺牲精神是不可能做到的。

---

① 厦门大学校史编委会:《厦门大学校史·第一卷(1921—1949)》,厦门:厦门大学出版社,1990年。

61

萨本栋是中国著名海军将领萨镇冰的后代。他深知福建是山地省份,从北到南只有二三百公里,就有福州语系、莆仙语系和闽南语系,西部山区还有客家语系。为了使校内师生团结,萨校长规定校内只能讲国语,不得拉帮结派。

厦门大学西迁长汀,萨校长需要承担繁重的行政工作,从定办学方向、招聘教师,到添购图书设备、建筑校舍、维持全校师生生活,甚至防空疏散、照明用电等,他都事事亲力亲为。他还承担教学任务,任务量甚至超过专职教授。他先后开设过普通物理、微积分、交流电路、电工原理、交流电机、无线电工程和机械制图学等课程。土木系刚创办时,缺少讲授结构学的教授,萨本栋向清华吴有训教授求助,请他推荐教师,并打听用什么教材,还说"如无人担任,或将由弟自授也"。

1940年,社会上开始传出厦门大学要改名的消息。3月下旬,教育部就"厦门大学改名为福建大学"一事征求学校意见,但受到全校师生的反对。陈嘉庚代表校友总会回国赴重庆,一是代表华侨慰问前线军民,二是向教育部说明情况,并在国民参政会发言,博得全场同情。省政府在无可奈何的情况下,同意将福建大学法学院迁回厦门大学,农学院与医学院成为独立学院,仍由省政府管理。10月下旬,父亲玉霖与法学院师生一起从永安乘专车到长汀。[①]

长汀虽处内地,但是一座有几百年历史的古城,砖砌的城墙围绕四周,静谧的汀江在城外流过,民风十分淳朴。学校在萨本栋校长带领下,克服学校经费无着落、校舍四处借用的困难。校长以身作则,只领取薪酬的三成半,教授也跟进,玉霖也只领六成薪酬,与学校共渡难关。校舍先借用文庙、公署、旧衙门等,同时开始用竹

---

① 厦门大学校史编委会:《厦大校史资料·第二辑(1937—1949)》,厦门:厦门大学出版社,1988年。

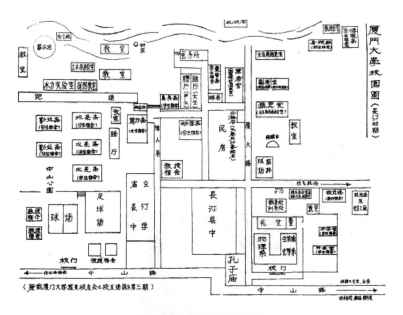

厦门大学长汀时期校园图

图片来源:厦门大学旅美校友会《校友通讯》第三期。

子、木材搭盖教室。长汀没有电,校长将自己小汽车的发动机拆下来发电,供图书馆夜间照明。全校师生虽然粗衣淡饭,但精神振奋,学习刻苦。

　　厦门大学在厦门初创期间,主要是创办文科、商科、教育与理科。到了长汀,萨本栋任校长后,觉得中国贫穷落后,必须大力提倡工科,为国家培养建设人才。在抗战极其艰难的条件下,学校在1937年创办土木工程系,1940年创办机电工程系(由机械与电工系合并而成),课程比别系都多。萨校长本身是国际知名机电专家,对学科熟悉、有远见。他认为大学的工科,应该基础课与专业课并重;专业课则应理论课与实习课并重。土木工程系、机电工程系刚创办时,专业课教师缺乏,先上基础课。他自己担任微积分教学,物理、化学等课程,也配备资深教授讲课。林玉霖承担英语课

63

程。同时,学校积极向国内、美国等地聘请专业教授,建设专门化实验室,使这两个新学科很快成长起来。

四十年代,机电系在首任系主任朱家炘教授的精心组织下,迅速成长为厦门大学第一大系。同步发展的航空系,使厦大成为全国第四个开设本科航空系的大学。当时两系办学成绩斐然,人才辈出。不少系友如艾兴、张启先、闵桂荣、阙端麟、陈一坚等日后成为中国科学院、中国工程院院士;葛文勋为著名微机电专家;何宜慈为台湾新竹科技园区创始人、实业家……

抗战时期的林玉霖教授(以撒提供)

由于浙江、广东许多大学内迁,一些没跟上的学生要求转校插班。厦大西迁时,一些教师又未跟进,导致师资也很紧张。萨校长除了处理学校事务外,还承担基础课、专业课的多种教学任务,最多的一学期开设了五门课,同时编写教材。一次英语教师没来上课,萨校长拿起英文课本就去上课,因此获得"O型"代课教师的美称。

一些名教授如化学专家傅鹰承担普通化学、物理化学、胶体化学等多门基础课,并写出了几十万字的《普通化学》教材;物理学专家谢玉铭担任理学院院长兼理学系主任,来学校第一学期就开设五门课,每周学时高达25课时。全校英文课由李庆云、林玉霖、周辨明三位教授承担,使学生受到极好的教育。

1940年、1941年教育部进行本科生教育质量检查,厦门大学第一年获得五个第一,第二年又获总分第一,震惊全国教育界,被誉为"加尔各答以东第一大学"。消息传出,闽西、粤北、江西的学生源源不断涌向厦大,接下来几年,每年报考厦大人数猛增至一千五百人之多。玉霖一直担任全校英文课程的教学工作,学生增加,教学工作量也随之倍增。[①]

厦大借用长汀孔庙为学生宿舍

图片来源:厦门大学校史编委会:《厦门大学校史·第一卷(1921—1949)》,厦门:厦门大学出版社,1990年。

1941年太平洋战争爆发,美国参战后,长汀兴建军用机场,就在厦大长汀校区旁。美国飞虎队从这里起飞,可以更快地打击日

① 厦门大学校史编委会:《厦门大学校史·第一卷(1921—1949)》,厦门:厦门大学出版社,1990年。

本侵略者。长汀成了日寇的眼中钉、肉中刺,经常有空袭。学校在北山山顶挂起空袭警报的红球。一个红球是预备警报;两个红球是紧急警报,要进防空洞;三个就是敌机临空,要就地隐蔽。每当警报发出,教师就组织学生进防空洞,萨校长是最后一个进洞的。1942年的一次空袭,炸毁了长汀一条商业街,死伤几百人。

萨校长处理轰炸现场

1944年,日本鬼子在做最后的挣扎,福州再度沦陷。长汀军用机场经常遭日机空袭。厦大校舍靠近机场,一次空袭中,学生宿舍同安堂被敌机炮弹炸毁。长汀是山城,早晨浓雾密布,附近山峦起伏,飞机不容易进来。于是学校决定:每日五时半起床,六时至九时上课,下午则推迟到五时上课。白天学生多在防空洞周围阅读自修。情况虽然危急,但大家知道国难当头,有一日读书机会,岂能任意蹉跎。夜晚,教室里、宿舍里,学生们在一盏盏桐油灯下,埋头苦读。

1944年前后,校舍虽然年年扩充,但学生数以更快速度增长。同安堂宿舍的大房间要住二十人,上下铺,每人一床一桌一椅,还有一个小衣柜,进出卧室,都相当拥挤。那是抗战的最后关头,物资十分匮乏,伙食很差。公费生每餐主食是一小份蒸熟的糙米,而糙米又多是军中备用粮,质量很差。辅食每餐黄豆两勺、菜蔬数勺。每逢周日,有肉片一小块。半公费生就要自补差额。一般来说,福建、江西学生原本多清寒,但他们反因身处逆境而奋发图强。

40 年代,国民政府征集一些大学生到附近美军机场当翻译,林玉霖老师就为文科学生集训口语,让学生很快就能用美式英语与飞行员会话;为一些工科学生教授一些机械名词,因为这些学生可能要协助做飞机的维修保养工作。

玉霖在敌后教学,家里的孩子大多在上海敌占区,玉霖长期与他们失去联系。他在学校吃食堂。晚上,有些文科学生也爱找他聊天。玉霖老师与学生聊各地方言,如上海话与闽南话的差别、客家话与闽南话的不同。有的时候玉霖与学生聊上海一些大学的情况,如圣约翰大学、沪江大学的办学情况,同济大学、交通大学的历史等;也聊国外一些大学的情况,如美国常春藤大学哥伦比亚大学的学科设置、纽约大学的校园。师生间感情浓厚,在困难的环境中相互鼓励。有的学生如黄典诚,毕业后走上研究闽南方言的道路;有的学生如潘懋元,以后从事高等教育研究。谁能想到,当年油灯下的促膝漫谈,后来竟促成了厦大新兴学科"高等教育学"和"闽南语方言学"的形成。一些理科青年教师如蔡启瑞写论文要寄到国外发表,也请玉霖教授检查论文是否有语法错误。

四十年代中期,萨本栋校长已重病在身。他每天踽踽独行,挂着拐杖,弓背弯腰、步履蹒跚地从仓颉庙经过中诚楼、新安楼走向嘉庚堂,去传道授业,从微积分到电工原理,从直流电机到交流电机……学生邵建寅称萨校长讲课"前后呼应、结构紧凑";张存浩称萨师长讲课,"犹如一首交响曲,浑然一体,一气呵成;层层深入,引人入胜"。

1945 年 8 月 15 日,日本鬼子无条件投降了! 我们胜利了!

这一特大喜讯,犹如平地一声春雷,顷刻传遍了一向沉寂的长汀山城内外。震耳欲聋的鞭炮声、锣鼓声此起彼伏,人人扬眉吐气、喜气洋洋,唱啊,跳啊,哭啊,笑啊。这些年来,整个中国被日寇蹂躏得满目疮痍,四万万人民流离失所,家破人亡。大家的感情如山崩海啸,喷涌而出。

第二天早上起来,鞭炮声、锣鼓声还是不断。长汀机场旁边的飞虎队队员们开着吉普车在城里街道转圈,怀抱着高射机枪对天扫射。厦大师生纷纷奔向水东街头,跳跃欢呼。真是"初闻涕泪满衣裳","漫卷诗书喜欲狂"。

学生们都准备回厦门复课了,但是事情没有这么简单,厦门大学在厦门的教室、宿舍全被日本鬼子炸的炸、毁的毁,就连没毁的群贤五栋楼,也被政府征用去关日本俘虏,不知何日能归还。

十三、厦大率先回厦复课

1945年抗战胜利,厦门大学要复原回厦门,这时厦大已拥有四个学院十五个系,教职员生总数是内迁长汀时的五倍!三十年代学校紧缩时,中文系与外文系合并,成立文学系。现在复办外国语文学系,李庆云任系主任,除周辨明、林玉霖老教授外,还有青年教师葛德纯、苏恩卿。新聘的法文教授、英文教授等,大多曾任职于外国使馆,还有德国籍、美国籍、英国籍教授等,比长汀时期的教学力量有明显增长。

萨本栋校长长期亲力亲为,操劳校务,大量教学,恩泽学生,但终于积劳成疾,因病辞去校长职务(不久查出身患癌症,且已扩散)。萨校长赴美国医治,不久逝世,后来骨灰被安葬在他日夜牵挂的厦门大学校园里。

萨本栋校长的事迹,值得口诵心传。他在世的日子不过四十来年,但他的成就和影响是深远的。庄子曰:"指,穷于为薪,火传也,不知其尽也。"人的形体有死亡的一天,但巨人的精神却可代代相传,永无穷尽。

　　国民政府任命汪德耀接任校长。原定寒假全校迁回厦门,但汪校长到厦门后才发现,抗战中厦大校舍大部分被日寇炸毁,只剩下破损的群贤楼群,又被政府征用作日俘集中营。后来周辨明提议,先借用鼓浪屿的中学校舍为新生院,高年级学生等厦大校舍修好后再迁回厦门。汪校长采纳这一建议,厦大借用鼓浪屿英华中学部分校舍,又征得日本小学、博爱医院、日本领事馆等日本资产做校舍。12月上旬,玉霖老师与一年级其他教师提前到达鼓浪屿,新生也纷纷来报到,12月下旬正式上课。消息传出后,对全国内迁大学产生巨大影响①。

鼓浪屿厦门大学新生院教室(梦海摄)

注:即原日本小学,现在干部疗养院内。

---

　　①　厦门大学校史编委会:《厦大校史资料·第一辑(1921—1949)》,厦门:厦门大学出版社,1987年。

　　新生男生住在博爱医院,女生住在慈勤女中,教师住在日本领事馆。玉霖此时已年近花甲,又回到中学读书时的鼓浪屿,感慨甚多。当年自己读寻源中学时,还是清朝末年,岛上居民很少,到处尽是农田。现在厦大学生熙熙攘攘,岛上还建了许多新房子,形成了一片居民区,他仍在教学第一线。后来,学生回忆:林玉霖老先生在八卦楼内上英语课,语言很诙谐,特别擅长讲故事。有一次课文内容是讲英国农村某沼泽地,天气阴雨连绵、雾气蒙蒙,常有鬼魂出没。读到这里,林先生离开课文,探头用神秘狡黠的眼光,从眼镜框上向全班扫描了一下,用手指着身后的天井,故意压低声音说:"这里也有鬼啊!"大家明知是开玩笑,但也觉得毛骨悚然。几十年过去了,学生回忆起来讲课时情景还历历在目[①]。

抗战胜利后,玉霖到鼓浪屿教学(宝璟提供)

---

　　① 王豪杰主编:《南强记忆——老厦大的故事》,厦门:厦门大学出版社,2009年。

一年后,演武场厦大群贤校舍归还学校。长汀校区师生与书籍、设备早已准备好了,全部迁回厦门。在厦门新校舍建好前,鼓浪屿新生院还要维持一段时间。1946年11月11日,厦大举行复员厦门后第一次开学典礼,会场气氛十分热烈。校长、教务长、新生院长等领导发言后,玉霖代表教师发言(随校从厦门到长汀,又从长汀回厦门的教师不多)。他怀古惜今,诙谐的语言引起阵阵掌声与欢笑。

玉霖回到厦大原校址时,看到二十几年前厦大创办时兴建的群贤楼群还在,但已是残破不堪,日军把它占为军营;后来建设的许多建筑如化学馆、生物馆等被日本鬼子炸的炸、拆的拆,连石头、砖块都不见踪影。

这时,解放军已取得三大战役的胜利,蒋介石政权已准备退到台湾,政府自顾不暇。厦门大学校园内,教师发不出薪金,学生快要断炊。汪校长只好找厦门市市长到粮库借大米。学校开展"反饥饿、反内战"斗争。最后国民党的残余部队退到厦门,占领厦大校舍。特务头子毛森大开杀戒,厦门大学八名地下党师生惨遭屠杀。10月17日厦门岛解放,解放军军管会接管厦门大学。

国民党政权虽然退到台湾,但金门、马祖仍被他们占领,厦门大学在金门炮火射程之内。后来,朝鲜战争开始,美国军舰入侵台湾海峡,并向国民党军队提供飞机,上海、厦门也时有飞机轰炸。1951年初,厦门大学挖了许多防空壕沟,在五老峰下开辟了一些山洞教室。当年3月,学校奉上级命令,将理、工两学院转移到闽西龙岩山区上课,实验设备与图书也跟着转移。1952年情况好转后,理、工学院才迁回来。学校组织人力,在校内挖了一万多米的防空壕沟。在五老峰下、南普陀寺西边挖了十八个洞,其中较大的防空洞可容纳师生在里头上课。学校安排三班轮换制:上午文史科、下午财经科在防空洞上课,晚上理科在靠近防空洞的地方上课。玉霖老师的课都排在上午。防空洞低矮狭窄、阴暗潮湿,久坐易导致腰酸背痛,学习条件相当艰苦。

第四章

道路曲折

十四、回到上海

抗战胜利后,重庆陪都一大批政府要员争先恐后飞南京、上海,那时飞机票真是一票难求。丈夫疑今不知何时能回上海,云轩盼啊盼,10 月底疑今终于回来了。整整分离了 6 年,疑今在重庆工作,时有日机轰炸,书信又时通时断,十分挂念家里;云轩在上海沦陷区终日担惊受怕,受尽亡国奴的屈辱,一家大小在饥寒交迫中生存,现在终于团聚了。

久别后重逢(摄于 1945 年底,以撒提供)

从重庆回到上海后,疑今还要找工作,回来的人很多,工作并不好找,疑今想到大学教书。他打听了几个学校,交通大学(原南洋公学)还有外文教师的空缺,疑今就走马上任了。第一天上课,疑今也不知学生的程度如何,他翻开课文,要求班长来朗读一下课文中莎士比亚戏剧中的一段对话。班长周济是个地下党员,这段时间正是国共两党剧烈斗争之时,整天忙于革命活动,根本没时间读书,无法读出这段对话。后来疑今到厦大教书时,周济在厦大任哲学系教授,师生见面,回忆起这段趣闻。

交通大学前身是盛宣怀创立于1896年的南洋公学,分设外院(后改附设小学)、中院(中学)、上院(大学)。1900年,上院大楼落成,但因生源不足暂缓招生。1905年公学改名"商部高等实业学堂",设立商务专科,同时开设铁路工程班。民国时期成为交通部南洋大学,除了培养铁路人才,还培养机电、造船等各种工科人才,是中国当时仅有的工科大学。这里没有专门的英文系,只有公共英语课程。

抗战时期,交通大学大部分师生内迁到重庆。抗战胜利后,1946年4月重庆交大1200名学生分批复员上海,与留在上海的800多名学生,共同汇合于徐家汇交大校园。1946年6月恢复工学院、理学院、管理学院三院制,并正式开学上课[①]。

交大是富有革命传统的学校,共产党的地下组织在学校组织各种活动。1947年5月,学生自治会根据群众要求,决议"全体同学晋京请愿",要求增加学校经费、补足教员名额等。65辆大卡车载着2000多名交大学生直奔火车站,学生在铁路工人协助下,找到火车头,自己开车,一路上克服了三次铁轨被扒的困难,最后教

---

① 交通大学校史编写组:《交通大学校史(1896—1949)》,上海:上海教育出版社,1986年。

育部部长乘坐汽车迎面驶来,在协议书上签字,学生胜利返校。

疑今夫妻与两个孩子(以撒提供)

中国人抗战胜利的喜悦还没享受多久,国共两党就谈判破裂了,中国又陷入内战的烽烟中。云轩于 1946 年和 1947 年秋分别生下一个女孩和一个男孩,正忙着带孩子,而中国的政治形势在急剧地变化。国民党军队从东北、华北节节败退,不久就准备撤往台湾。时局不稳,物价飞涨,交通大学也要跟着迁往台湾。一些外国教授回国了,学校要求教师跟着迁台湾。疑今抗战前已加入左联,在重庆那几年,国民党政权的腐败令他触目惊心。现在共产党领导的解放军,以迅雷不及掩耳之势解放全中国,疑今当然要留下来建设新中国。

1948 年秋天,国共两党斗争已见分晓。一些国民党要人撤退到台湾,一些教师也离开大陆,有的到台湾、有的去国外。疑今前一年托人找学校教师空缺,这时有朋友回话,沪江大学需要英语教师。疑今联系沪江,对方很欢迎。因学校在杨树浦军工路,靠近复兴岛,离静安寺较远,校方还答应提供宿舍。

沪江大学原是美国基督教北浸礼会 1906 年创办的上海浸会大学,1914 年正式定名为沪江大学。[①]

沪江的设计理念受欧美广泛流行的建筑复古思潮影响,以浪漫主义的哥特风格为主,注意建筑与周围环境的结合。建筑形式各异,但风格统一,以清水红砖和双坡瓦屋顶为主要特征。例如音乐厅窗户,采用浮雕装饰,显得十分高雅。

沪江大学音乐厅

图片来源:上海市地方志办公室、杨浦区地方志办公室:《话说上海(杨浦卷)》,上海:上海文化出版社,2010 年。

---

① 1952 年与德文医学堂(1907 年创办)合并为上海机械学院,1996 年上海机械学院与机械高等专科学校合并,成立上海理工大学,2006 年进行百年校庆。

沪江大学英文系对学生英文学习要求较高。有些学生考进来时英文成绩不高,要进行补课,要求修"英语读本"和"英语写作"两门课,不给学分。大一必修课有"修辞学",每周两学时、每学期两学分,要求学生随时练习作文,养成写作习惯、锻炼写作技能;第二门课是"读文",课堂选择短篇名著进行讲解,学时与学分同上;第三门必修课是"文学略读",课内选著名小说三种,需做笔记,课外还要自选一种阅读。大二也有三门必修课:"文选",是选择当代英语文学,要求精读,在课堂上要开展讨论;第二门是"散文",要求选读英、美、德、法各国长短篇名著,注重课外研究,这门课一学期三学分①。

英文系大三、大四的选修课有很多门,有"诗选",注重培养学生对诗的欣赏能力,还要分析诗的结构;"近代戏剧""莎氏乐府"都是戏剧爱好者选读的。还有"英美文学史""文学概要""短篇创作"等,都是每学期三学分的课。还有"演说学",这门课每周讲授一学时,练习二学时;"新闻学"是每周两学时,两学分。还有"圣经文学研究"。除此,还有"法文"选修课。

疑今承担大二的"文选"必修课和大三、大四的选修课"英美文学史",每周有五学时的课。

系里为疑今教授配备了两个助教:董亚芬和龙佩雯,一位辅导"文选"课,一位辅导"英美文学史"课。

形势变化很快。不久,解放军兵临城下,一些美国教授要回国,邀请疑今一起走,同时香港一些朋友也邀请疑今去香港,疑今都婉拒了。1949年5月上海解放了,庆祝解放的游行队伍从上海市中心的人民广场,一直游行到万航渡路。云轩抱着孩子去看游行,一同分享解放的快乐。

---

① 李森主编:《民国时期高等教育史料续编》,第13册,北京:国家图书出版社,2016年。

沪江大学分配给疑今教授的宿舍是一座二层别墅带假三层屋顶,里面设备一应俱全。一层朝南是一间大客厅,旁边是一间书房。朝北是一个大厨房,靠近客厅处有一个小锅炉,冬天烧起来,可以为二楼浴室供热水。另外,厨房里煤气灶、水池、桌子、案板一应俱全。

沪江大学不仅教学管理井井有条,课外活动也生动活泼,还为家属组织了缝纫学习班、烹饪学习班、家属联谊会等等。云轩在沪江大学家属院过得很开心。开始,云轩带着儿子住在沪江宿舍,到了暑假,大女儿也一起来。以后两个大孩子都回三义坊上觉民幼儿园了,小女儿跟着父母住在沪江。

沪江大学环境优美,校内有大片草坪的运动场,最东边靠黄浦江,对岸是草木茂盛的复兴岛。一座座教学楼,红砖红瓦,白色的浮雕窗框衬托出建筑的美观雅致。疑今到沪江大学工作时,正好七妹宝璟在这里读大学刚毕业,留在财经系任教。她搬来大哥家,住在三楼。星期天,大家回梵皇渡路三义坊。

林疑今

云轩与两个孩子

　　这段时期,家里长期有三人同时在读大学,有一段还有四人同时读,家庭负担可想而知。先是老四宝鏽读大学外文系,抗战随学校迁到成都,后来染上肺结核,住院治疗一段,又回校读书,来来回回,直到快解放才毕业。老五宝彝原来随父亲在福建读中学,后来抗战时在江西南昌读大学,毕业后回上海。抗战中老六宝爵在上海开始读医学院,要读七年才毕业。接着七妹宝瓔读沪江大学财经系,她读得最快,毕业后就在沪江大学教书了,那时老四、老六还在读大学。

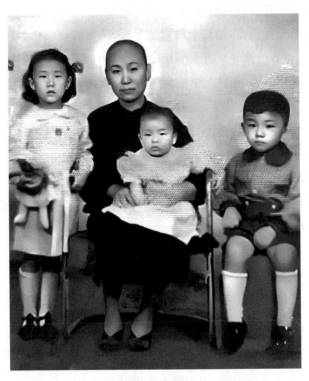

老母亲翠竹与疑今的三个孩子(以撒提供)

十五、疑今调入复旦

　　1952 年下半年,京津地区和华东地区迎来大规模的高校院系调整。从上海解放到 1952 年,前后共有 18 所高等院校相关系科并入复旦,其中公立大学有浙江大学、交通大学、南京大学、同济大学等 8 所,私立大学有大夏大学、光华大学、大同大学等 6 所,还有教会学校圣约翰大学、沪江大学、金陵大学和震旦大学 4 所。

　　复旦也有调出的系科,如财经学院的会计、统计、企管等 6 个系与 3 个专科调出,组建上海财经学院;法学院的法律、政治 2 个系调出,与圣约翰等 9 所大学相关系科合并,组成华东政法学院。

　　院系调整后,复旦大学汇集了一批著名学者,如:浙江大学的苏步青、谈家桢、吴征铠,交通大学的周同庆,同济大学的郭绍虞、杨武之,沪江大学的吴浩青,暨南大学的刘大杰、林同济,还有原来就在复旦的陈望道、陈子展、周谷城、全增嘏、孙大雨等。

　　林疑今带着助教董亚芬和龙佩雯,与沪江的邻居吴浩青一起到复旦报到,复旦的校舍,看起来比较破旧。吴浩青到复旦化学系报到,林疑今到外文系报到。

　　五十年代院校调整后,全面学习苏联老大哥。原来国内大学大致是按欧美模式建立起来的,一般是由文、法、理、工、商五大学院组成的多学科大学。有些大学还有医学院、农学院。院校调整后,向苏联学习,改成两类大学,一类是文、理两类学科组成的综合性大学,如北京大学、复旦大学等;另一类是应用型学科的专业性学院,如上海水产学院、华东政法学院等。

　　调整后,办学方式则从培养方案、课程设置、教科书,一直到学术观点,都是一律照搬苏联,特别是教研室制度。以前大学教师都是通才,能教各类课程。按苏联模式的教研室设定后,就把教师的专业范围限制死了。例如,原来周谷城能教中国通史和世界通史,后来把他分到世界上古史教研室,他就只教世界上古史了。理科教师更是如此,傅鹰抗战时在厦门大学化学系从普通化学、有机化学一直教到物理化学、胶体化学,到北京大学后,傅鹰分在物理化学教研室,只能教物理化学,科研也局限在这个范围。

对于外文系教师来说,五十年代后,以前教公共英语的教师,一律改教俄语,教师与学生一起学。以前上课不用备课,张口就可以讲课。现在就是认真备课,俄语发音也不一定标准。复旦是全国保存英语专业的七八个学校之一。

学生也是叫苦连天。大学生一般在中学已学六年英语,语音、语法基本都熟悉,到大学就是增加一些专业词汇量,可把时间、精力放在专业上面。现在可好,要从头学俄语。外语教师只有少数是原来教俄语的,其他大部分是现学现卖。学生花费不少时间与精力学俄语,到了毕业还不一定能阅读俄文的专业文献。

疑今到复旦外文系,这里人才济济。系主任是杨岂深教授,他看似体弱多病,但城府较深,识书也识人。外文系一度资料充足,是因为他采购订阅书籍及时,复旦外文书籍在同行中位居前列。他也较有前瞻眼光,早在中苏关系破裂前,他就抽调一部分俄语教师去学法语和世界语,还派人去学西方文明源头之一的拉丁语。因此复旦外文系教授的语种数量在全国也处于领先位置。

专业英文有两个教研室,一个是英语教研室,主任是徐燕谋教授,为学生讲授散文课、精读课。他上课时喜欢在学生席间穿行,遇到比较积极主动的学生,他会停下,与学生对话一番。还有葛传槼教授,据说早年辍学,靠在电报局和商务印书馆的实践经验,自学成才,成为词典编纂家①。

---

①　陆谷孙:《秋风行戒悲落叶——忆师长》,薛明扬、杨家润主编:《复旦杂忆》,上海:复旦大学出版社,2005 年。

葛传椝教授等编纂《新英汉大词典》

图片来源:《百年复旦(1905—2005)》,上海:复旦大学出版社,2005年。

　　疑今所在的文学教研室,由孙大雨、戚叔含、伍蠡甫教授等组成,伍教授也是年轻时开始从事翻译工作,现在为学生开设西洋文艺评论课。他除了以翻译大家著名,还以国画和画论享誉中外,三十年代即在伦敦举行个人画展,应邀在英国皇家学会和牛津大学讲演,介绍中国画派。①

　　教研室里还有一位福建人林同济,他在暨南大学原是政治学教授,来复旦改成教外文,研究转向莎士比亚戏剧。据说北京某英文权威称林同济为议会式雄辩英语家;又说中国之大,真正精通英文的只有一人半,一人是他自己,还有半人就是林同济。林教授上

---

　　①　周国珍:《怀伍蠡甫先生》,薛明扬、杨家润主编:《复旦杂忆》,上海:复旦大学出版社,2005年。

课十分注意选材,专拣他有发挥余地的内容详讲,学生十分
欢迎①。

到复旦后,疑今为学生开设翻译课、文学史课,还任文学教研
室主任。五十年代以来,疑今翻译的文学作品地域,已从西欧、北
美转移到苏联、东欧等国。新中国刚成立时,他从英文转译了苏联
名著《奥德河上的春天》,这是一本描写苏联红军攻克柏林的小说,
也就是描写二次大战结束的过程。小说内容丰富,篇幅巨大,人物
从一般士兵到连长、营长、团长,直到指挥的司令员,层层都有落
笔,达四十多万字。为了及早将这部小说介绍给中国读者,疑今邀
请早期学生王科一与自己合作,一起翻译。

这部小说曾荣获 1949 年斯
大林文学奖金二等奖。苏联还根
据小说拍摄了电影《攻克柏林》,
再现了二战中苏联红军以迅雷掩
耳之势、雷霆万钧之力,排除万
难,直捣柏林,迫使德军投降,获
取二战最后胜利的过程。影片在
全球隆重上映,风靡一时。《奥德
河上的春天》在中国出版后,也十
分热销。

当时中国与苏联、东欧等国
同属社会主义阵营,有一个口号:
"苏联的今天,就是我们的明天。"

《奥德河上的春天》封面
(梦海提供)

疑今也学了俄语,并想多翻译一些苏联、东欧小说,介绍给国内读

---

① 陆谷孙:《秋风行戒悲落叶——忆师长》,薛明扬、杨家润主编:《复旦
杂忆》,上海:复旦大学出版社,2005 年。

者。在教学之余,疑今还翻译了欧洲作家安娜·希格斯著的《第七个十字架》,并把早年译的《西伯利亚的戍地》和《永别了,武器》(原译《战地春梦》)重新校译一遍再版。

十六、编写《英国文学史教学大纲》

1954年,国家高等教育部要求各综合大学的学位课程要规范化。例如大学英语专业第六、七、八学期(大三下、大四)要开设"英国文学史"课程,总课时达174学时,要求用马列主义的观点、立场、方法,概括讲授英美现实主义文学的发展过程。

高教部当时将英国文学史(包括美国文学)教学大纲委托复旦大学编写。这个任务下达到复旦外文系,具体是文学教研室。新中国成立前,中国大学各式各样,有公立的、有私立的,还有教会办的。学校对教授的教学,一般都不予干涉,教师个人对学校、学生负责。现在要把来自不同学校、不同观点的教授集合在一起,讨论教学大纲,这事实在有相当的难度。系主任杨岂深找到林疑今(教研室主任),对他说,这是高等教育部派下来的活,是对复旦的信任,只能干好。疑今只好硬着头皮接受这项工作。

一开始开会,文学室的教授对这样制定教学大纲就有大量意见。疑今虽是主任,但属青壮派,比较容易接受新事物。一些老先生,有的号称是研究莎士比亚的中国权威,或是弥尔顿诗人的知音,哪里要听半懂不懂的年轻人瞎嚷嚷。会议结果就是:疑今向各位教授传达了高教部对"英国文学史"课程规范化的要求;具体教学大纲写作,疑今只好根据要求,代表复旦大学在1955年上半年写出初稿,向各校征求意见。后面因为全国修改教学计划,只好在1955年下半年,把教学大纲再重新修订一遍。

1956年2月寒假,北京大学、北京外国语学院、南京大学、中山大学和复旦大学各校代表集中到上海。各校代表都是这方面的权威,对教学大纲应该涉及的范围、内容的广度与深度反复讨论,整理工作最后还是落实到复旦大学外文系文学教研室,由林疑今承担。

最后,疑今根据讨论结果,主要参考苏联莫斯科大学外国文学史教学大纲的英国文学部分,并参考列宁格勒师范学院英语系英国文学史教学大纲,开始写作《英国文学史教学大纲》。

大纲共有十章,前面加引论,每章前面将马列主义对这一历史时期的简要论述列出,后附名词对照表。第一章是中世纪文学。第二章是文艺复兴时期,这是各位教授上课讲得较多的章节。第三章是资产阶级革命与王政复辟时期。第四章是启蒙运动时期。第五章是浪漫主义文学。第六章是批判现实主义文学。第七章介绍美国文学的萌芽与发展。第八章是帝国主义阶段的英国文学。第九章是现代英国文学。第十章介绍现代美国文学。最后是主要参考书目、各章重点和学时分配表。经过上上下下几次讨论,最后,这本教学大纲(草案)为中华人民共和国高等教育部审定出版。

丈夫下班回家,还要写东西时,云轩就要求孩子们安静、不要发出声音。孩子们正处在长身体、好动时期,云轩就买了许多儿童读物给他们看,让他们画画、玩橡皮泥等不发出声音的游戏。有时,云轩就带孩子们到厨房玩,春天上海的豆类蔬菜很多,孩子用大蚕豆做小人的身体,再用火柴棒插上小豌豆,做小人的头和四肢。有时做成一排的小豆人。有时,云轩就带着孩子们做点心萨其马,先和面,然后让孩子们把面团搓成细长的面条,并把它们用糖浆黏结起来,然后用刀切块,最后放在油中炸成一块块。

周末,云轩带孩子到公园里玩

　　疑今开始学习俄语,他学俄语是全心全意的,希望学会俄语后,可直接翻译一些苏联名著,不用通过英语转译。他学习后发现,英语是开始好学,越学越有深度;俄语是一开始有性、数、格的变化,比较麻烦,习惯后就容易了。就像学英语时的闽南顺口溜:"来讲 come,去讲 go,番仔山芋 potato",有时,疑今也把俄语的数字念成顺口溜"一、二、三,один,два,три;四、五、六,четыре,лять,шесть……"以加强记忆。

　　疑今是家里的老大,父亲原在厦门大学外文系任教,六十多岁时因厦门为台海前线,经常有国民党大炮袭击,而告老还乡。他向学校推荐自己的儿子林疑今接班。疑今从上海圣约翰大学毕业后,又获哥伦比亚大学硕士学位,又是复旦大学教授,翻译了大量英美文学作品。因为外文系相当缺人,学校副校长张玉麟根据林玉霖先生的推荐,跑到上海来邀请林疑今到厦大。但当时厦大的情况,特别是台海的战事众所周知,海峡对岸三天两头炮击厦门,有时还有沿海岛屿的争夺战。疑今想自己现在有三个孩子,最大的还不到十岁,老母亲患严重心脏病,恐怕也难挪动,所以婉谢了张校长的邀请。

1956 年是知识分子心情较舒畅的一年。对文科而言,有"百花齐放、百家争鸣"的方针;对理科而言,有"向科学进军"的号召。这一年,人民政府实行工资改革。上海是八类区,高校一级教授工资达三百六十多元,四级教授也有二百多元,六级副教授也有一百五十多元。五十年代国家安定,不像新中国成立前,那时不管是公立大学,还是私立大学,都常有发不出工资的时候。社会物价稳定,二三百元工资可过上很舒适惬意的生活。

疑今家里几个弟弟妹妹都已经大学毕业,开始工作了。四弟宝铺大学毕业后被分配到南京市外事组工作,跟着彭冲领导(漳州口音)当口译。老五宝彝在苏州银行工作,已成家并有了孩子。老六宝爵医学院毕业后,在上海第一医学院当医生了。七妹宝瓒本来沪江大学毕业后,留在沪江财经系教书。院系调整后,沪江财经系、圣约翰财经系与复旦大学财经学院的会计、统计、企管等六个系与三个专科调出,组建上海财经学院。她就在上海财经学院会计系教书。兄弟姐妹都已工作,家里经济宽松不少。

老母亲的身体从 50 年代就不行了,经常因为心脏病卧床休息。七妹经常回来看望老母亲,与母亲聊天,顺便也从学校图书馆为侄女、侄儿带一些世界名著回来,过两个礼拜再换一批。侄女、侄儿的文学爱好就是这样培养起来的。

四弟(宝镛)、四弟妹(佩云)

五弟(宝彝)、五弟妹(守身)与孩子

十七、补划"右派"

1957年,共产党开展整风运动,号召大家提意见。6月初,复旦党委召开各种类型座谈会,动员鸣放,但突然形势剧变:6月8日中共中央发出《关于组织力量准备反击右派分子进攻的指示》,《人民日报》发表社论《这是为什么?》,这是反"右派"开始的信号。7月1日《人民日报》发表社论《文汇报的资产阶级方向应当批判》,就是反右斗争的动员令了。

复旦多名人,自然也会有许多出名的大"右派",孙大雨、王造时、陈仁炳、杨兆龙……都是报上点名的人物,罪名都是"反党反社会主义"。

1958年,反右斗争基本结束,全国开始搞"大跃进"。旧中国工业基础薄弱,全国钢铁生产到1956年全年还不足五百万吨。国家冶金部在苏联专家的帮助下,组织人力、物力,全力建设鞍山钢铁厂,这是专业队伍的任务。毛主席号召全国人民动员起来,奋战一年,拿下1070万吨钢。不管是工人、干部,还是学生、居民,都发动起来。大家先找炼钢的材料——铁制品。三义坊家家的大铁门都拆下来了,厨房的铁制的大煤气灶也拆下来了,这些大件都用卡车运到钢铁厂去炼钢。

在几个弄堂的交界处,用耐火砖垒起一个圆锥形的小高炉。小学生们下午放学后最关心的就是小高炉开始炼钢了没有。另外,还要到处收罗小铁器,像家里的剪刀、锤子都拿到学校去交给老师了,要去大炼钢铁。

疑今当时还在上海外文协会、民盟、政协兼职,经常要接待苏联专家和东欧各国的文学工作者,这些客人有时还要到家里访问。疑今在学校里的同事,协会、民盟里的朋友,也常来家里做客。云轩会烧一手淮扬菜,经常在家里请客,疑今与朋友喝酒聊天,十分惬意。

家里六弟与七妹都已成家,相继搬到外面去住,星期天弟妹们又聚到三义坊,一方面看望母亲,一方面也要欣赏大嫂的厨艺。云轩平时常做清炒蚕豆、烫干丝、炸龙虾片、清蒸狮子头、糖醋黄鱼、排骨汤等。到了星期天,弟弟妹妹都回来了,她会煮更多好吃的菜,如虾仁炒蛋、炸藕盒、炒腰花、清炖鲫鱼,还有八宝鸭子。最好吃的还有牛肉红菜汤。牛肉切块炖煮至烂,然后放上西红柿、洋葱、胡萝卜、土豆、包菜等蔬菜,熬成一大锅浓汤,上桌时再淋上奶油番茄酱。这是俄罗斯传统大菜,大家吃惯了味美汤浓的红菜汤,以至到了俄罗斯旅游时,发现当地的红菜汤连牛肉都不放,大吃一惊。大嫂做菜时,妹夫、六弟常陪孩子们下棋。吃饭时,一家十几个人围成一大桌,边聊天边吃饭,这样的生活过了四五年。

疑今几个孩子现在陆续读小学了,就在马路对面的觉民小学。[①]

疑今的学生毕业后,有些在上海外事部门当口译。五十年代初期,苏联和东欧的一些国家经常有文艺代表团来上海演出。学生就把很好的票送到老师家。父亲因晚上要备课、翻译书等,没有时间去看演出。这两张票就给大女儿和儿子去享用了。晚上,两个小孩叫一辆三轮车到美琪大戏院或上海音乐厅。若是歌舞团表

---

① 觉民小学是纪念"黄花岗七十二烈士"之一林觉民而命名的。

演,票子是二楼第一排的中央,视线非常好;要是音乐厅,就是前几排中间位置,音响效果绝佳。周围坐的人都很惊奇,两个小孩子怎么坐这么好的位置。

　　梵皇渡路与迪化路(后改名乌鲁木齐北路)交叉口建立起一座万国礼拜堂,新中国成立后改为新恩堂,杨绍唐牧师在这儿主持。疑今和妻子云轩经常在这里做礼拜。教堂属于浸礼会,信徒受洗要浸在水中。教堂讲台后边有一个池子,要进行受洗时才打开后墙木板。池子灌水后,牧师要将受洗信徒浸在水中,然后扶起。许多人会晕水,所以需要一些老信徒去帮忙扶人。云轩经常帮忙扶女信徒。听说礼拜天有人要受洗,几个小孩都很高兴,他们会早早去礼拜堂,占好楼上第一排位置。快做礼拜时,有人挑来许多担水,灌到水池子一半高度,然后兑一些凉水。洗礼仪式开始后,牧师说:"我奉耶稣基督圣名为××弟兄(或××姊妹)施洗",然后把他浸在水中,接着扶他起来。若是姊妹,云轩就帮着将姊妹扶起来,到后面换衣服。

上海新恩堂(梦海摄)

90

1958 年，毛泽东主席来上海检查反右斗争的情况。这次反右抓出了几个大"右派"。各个单位的领导也知道，划"右派"上面是有指标的，但划多了将来没人上课不好办。复旦的党委书记杨西光就一方面大张声势反"右派"，一方面尽量保护好教学的骨干分子。

有些民主党派人士认为，政治观点总是有分左、中、右三个方面，共产党肯定是左派，大部分人是中间派，民主党派就只能当"右派"了。这只是政治讨论中的划分，也无所谓，但不知这一划就整整二十年。最后，"右派"落到"地、富、反、坏、右"五类分子的身上。

复旦宣布补划"右派"的决定时，疑今没有一点心理准备，当领导宣布到他的名字时，他惊奇、茫然地张开了口，形成了一个"O"形。他觉得自己是不是听错了，他怎么也想不通。三十年代，疑今就参加左联活动，还有单线联系人姚篷子。他写了一些反映工人运动的作品，如《旗声》《无轨列车》等。新中国成立前，疑今就参加民盟等进步组织，新中国成立初还在上海市政协内任职。新中国成立后，共产党号召要向苏联老大哥学习。他努力学习俄文，积极翻译苏联与东欧等社会主义阵营的文学作品，翻译了苏联卡扎凯维奇的著名小说《奥德河上的春天》，这部小说还获得斯大林文学奖；还翻译了匈牙利毛尔科维奇（R. Markovits）的《西伯利亚的戍地》等书籍。新中国成立后，疑今在上海外文协会、外国文学协会都有职务，经常接待外国作家，宣传党和国家的政策。1955 年，还承担高教部的任务，编写《英国文学史教学大纲》。这次鸣放运动，他也没有发言，怎么就被划成"右派"呢？

宣布"右派"名单后，外文系就通知疑今不用来上课了，明天到图书馆去报到。第二天，到了图书馆，那里的负责人也有些为难，不知要分配这些"右派"教授干什么，只好分配他们去补旧书。

疑今以前是有课才去复旦上课，现在每天上午要到图书馆报到,到下午六七点才能回家。复旦在江湾五角场,从静安寺到五角场,要坐两趟公交汽车,都是从起点站坐到终点站。单趟都要近两个钟头,往返要近四小时,相当疲劳。

后来,在开批判会时,一个自己很熟的朋友、经常来家里吃饭的人,也是学校里的同事,把疑今在家里饭桌上聊天时说的话,拿来揭发、批判。听说,要他发言时,还费了些周折:系里党支部书记找他谈话,要他与疑今划清界限、写揭发材料。该教师写了材料,交给组织。但要他上台发言时,他觉得很为难。这都是私底下聊天说的,经常在疑今家里吃饭,在大会上一发言,将来见面怎么办?

好在将来也见不着面了,疑今被划成"右派"就不能上讲台了。消息传得很快,原来复旦没有几个福建人,苏步青是一个,以前见面有时还与疑今讲几句家乡话。但这两天苏步青见到林疑今,已装着看不见了。林同济也是福建人,第一次反右时他未被划为"右派",苏联第一颗人造卫星上天时,他还创作了十四行诗在大会朗诵①。这次反右补课,把他也补进去,彼此彼此,劳动时还可以说两句。

还有个老乡是谢希德,她看起来是个弱小女子,但很有主见。抗战时她父亲谢玉铭教授在厦门大学任教务长、理学院院长,后来她也在长汀厦大读书。以前平时与疑今相见,就打个招呼,现在见了,反而多说两句。1981年厦门大学举办建校60周年校庆,谢希德(时任复旦大学校长)应邀出席。在厦大见到疑今,她高兴地打招呼,说:"原来你回厦大了,我才想怎么这么久没见到你。"

---

① 贾植芳:《忆林同济先生和杨必女士》,薛明扬、杨家润主编:《复旦杂忆》,上海:复旦大学出版社,2005年。

谢希德接待美国总统里根访问复旦大学(1984年)

图片来源:《复旦百年(1905—2005)》上海:复旦大学出版社,2005年。

疑今被划成"右派"后,精神受到很大打击,晚上睡不好、白天吃不下,人变得有些浮肿。云轩只能在晚上家庭礼拜时,恳切地为他祷告。

疑今被划为"右派"的消息也传到街道居委会,他们认为三义坊20号这么大套的房子,不能给"右派"分子和他的家属独住。他们分配了一位革命干部老于来住一楼客厅和二楼亭子间,一方面解决了老干部的住房困难,另一方面也可以就近监督"右派"分子及家属。

消息传来,全家愕然。三义坊20号,是林家从三义坊刚建时就租下来的,从来没有拖欠租金,也没有损坏任何设施。三义坊又不是复旦大学的家属宿舍,谈不到什么住房超标问题。林家正在为老干部要住进来发愁,人家老干部还看不上一楼的住房,说是一楼太暗。街道干部就劝他们说,林家种了两棵大树,把一楼光线给挡住了,可以把两棵树砍了。

林家人一听要砍树,十分舍不得,这是父亲玉霖租房时(1919年)种下的两棵树,到这时已四十多年了,比这些孩子都大得多。

93

云轩说："老干部不要树，我们可以把树送到附近静安公园去。"她到静安公园找到园林管理处的负责人，说明了来意。静安公园表示愿意接受这两棵树，并约定了三天后到三义坊20号去搬树。那天是星期六，公园派了两位工人开了一辆卡车到三义坊20号。工人在院子里挖了半天，才把树根挖出来。枇杷树的树根比较粗大，但比较浅短；而葡萄树的树根比较细，但比较深长。大家合力把两棵树搬到卡车上，载到静安公园去了。

　　孩子们放学回家后，看到前门这里空荡荡的，知道两棵树已被搬走，十分不舍，妈妈对孩子说，"不要紧，过几天，我带你们到静安公园去看树"。过了两周，孩子们跟着妈妈去静安公园，负责人带他们看了搬过去的枇杷树和葡萄树。枇杷树在小院子里显得很大，到了公园里，就是一棵中等大小的树。妈妈告诉孩子们，"枇杷树在我们家阳光不足、营养不好，只开花不结果，到了公园再长几年，就会开花结果的，比在我们家更好"。

上海万航渡路 223 弄三义坊

　　林家把客厅里借来的钢琴还给人家,把沙发卖给旧货店。老干部家人来打扫了卫生,重新粉刷了房间,过了几天就搬进来了。他们家有五口人,父母亲与三个孩子。

　　刚开始孩子们每天放学回家,看到不熟悉的人,很不习惯。妈妈还要和他们在一起做饭,然后把饭菜端到二楼大房间吃。

　　林疑今被补划为"右派"的消息也传到了厦门大学。张玉麟副校长再次赴上海,邀请林疑今到厦门大学来任教。现在是有很大的差别:在复旦疑今是不能上课的,而在厦门大学可以上课,这样当然要去厦门了。疑今答应了张校长的邀请,准备 1959 年秋季到厦门上课。现在的问题是几个人一起去。张玉麟校长介绍,1958 年后,厦门政治形势有很大好转。现在我方是主动方,执行了国防部部长彭德怀的命令,实行单打双不打的政策。台湾已不敢随便开炮了。我们组建了空军,台湾飞机也不敢随便来骚扰了。现在厦门到鹰潭的铁路刚刚开通,上海经鹰潭到厦门,只要两天半就可以到达。

　　疑今回来告诉大家:"厦门大学又来邀请我去上课了,我已答应了。"现在的问题是疑今一个人去厦门上课,还是全家一起去厦门。疑今的意见是他一个人先去厦门,全家看情况以后再说。妻子云轩的意见是她与疑今一起去,老人与孩子留在上海,以后再说。还有一个方案是老母亲留在上海六弟宝爵家,疑今小家五口人一起走。

　　最后一个方案很快就被否决。因六弟说,大哥当了"右派"他也受牵连,这次支援内地,医院要派他一家去湖南湘潭,到艰苦的地方去锻炼、改造旧思想。

　　最后决定,还是全家人一起去。接下来是准备搬家,这是一个住了四十年的老家,现在要连根拔起,谈何容易。先是不能搬走的家具要处理。疑今让家具店的人来看货,家具店的人来家里,看了二楼、三楼的家具后,只要三楼疑今房间里的整套家具(这是语堂叔当年送给疑今结婚用的家具），其余都不要。疑今就让在上海的六弟与七妹看家里的东西喜欢什么就拿什么，做个纪念。疑今还让旧书店的人来他三楼的书架挑书，他自己不在。孩子虽在场，可是也不知道书店的人挑了什么书拿走，走时只给了一点钱。最后疑今请搬运公司的人来帮忙打包大件家具，准备运往厦门。

现在，在上海的日子进入倒计时。云轩从年轻时从家乡到上海读护士学校，到现在已二十几年，从未离开上海，这次要去厦门，不知什么时候才能回来。听说厦门城市很小，许多东西都买不到，临走这几天，云轩就急着采购一些日用品。

听说大哥全家要去厦门，五弟宝彝从苏州赶来上海，看望母亲与大哥一家。五弟小时候也去过厦门，在鼓浪屿读过小学。他知道这一去，现在海路不通，还不知什么时候能回来。他还带来苏州的酱鸭和观前街采芝斋的点心给大家品尝。

离开上海前，妹妹、妹夫带全家孩子到中山公园玩（摄于 1959 年，以撒提供）

七妹宝璨不上课时，就来三义坊帮忙。老母亲已近七旬，又长期患有心脏病。打包全家的行李可是个力气活，云轩买了六七个大行李袋，宝璨将各种棉被打包了好几袋，接下来再将衣服分别打包。

外地的亲戚朋友听说林家要搬回厦门了，也纷纷赶来送别，有北京的同乡林郁如（她和七妹宝璨是好姐妹），还有南京的同乡钟南民，他是医生。

第五章

回到厦门

十八、又见囊萤楼

离开上海的时间终于来临,全家在亲戚朋友的送别声中,登上了南下厦门的火车。疑今买了两张软卧票,其他是硬卧。老母亲和负责护送的六弟宝爵在软卧,其余人在硬卧。火车晚上近十点开车,孩子们都是第一次坐长途火车,大人小孩都爬到三层卧铺上睡觉,十分好奇。卧铺对面有个行李架,孩子们在丝绸的红领巾上别上一些纪念章,放在行李架上的包包里,被人误以为是好东西,半夜里顺手牵羊拿走了。到江西鹰潭时,天已大亮。老母亲一夜睡得很平稳,六弟宝爵觉得接下去应该没问题,他就买了返程票回上海了。疑今在鹰潭旅馆租了间房,让老母亲有地方躺着,大家也有地方坐坐。鹰潭是江西省较大的城市,一家人就在火车站附近走走,也没有到市里。

吃了午饭,鹰潭到厦门的列车就要开了,这回是云轩陪老母亲坐软卧。孩子们个个都趴在窗口张望。火车在崇山峻岭中穿梭,进入福建境内以后,火车要往山上爬坡。当时是蒸汽机车,拉力有限。坡度大时,火车前面有一个火车头拉,后面用一个火车头推,才能使火车爬上坡。火车线路是弯弯曲曲的,从卧铺窗口向车头

97

与车尾两边望去,可清楚看到两个火车头一推一拉的景象。不久,火车就要穿隧道了。火车向山洞开进去,顿时周围一片黑漆漆的,开了一会儿,火车才开出山洞,眼前豁然开朗。这些都是平原地区看不到的景象。

当年鹰厦线穿越的福建省属海防前线,为了防空防炮,火车线路选择在山区。火车沿线一边是崇山峻岭,满山参天大树、郁郁葱葱;一边是碧绿的闽江,江水静静地流淌。可能因为这是新建的铁路,火车走不久就广播:"×××号工地到了。"过一会儿,另一号工地到了,还有不少筑路工人上上下下。孩子们都没有离开过上海,看到沿途峻峭的高山、翠绿挺拔的大树、连绵不断的江水,觉得十分新鲜、好奇。看到筑路工人就在山上搭的工棚里居住,想必十分辛苦。

火车在山中走走停停,走了一天多才走出大山,路边终于有一片片绿油油的农田了。过了一会儿,列车员喊:"前面是郭坑站了,要到漳州的乘客在这里下车。"疑今听后,告诉孩子们,厦门快到了。估计这趟列车刚开通不久,许多乘客对线路也不熟悉,列车员才这样提醒。

不久,火车开过一条海堤,两边望去都是海水,蔚蓝的海水一直连到天边。过了海堤,终点站厦门很快就到了。这是一个很小的火车站,铁路站台不大,中间的铁轨也只有两条。远处都是农田。邻座的乘客们忙着收拾行李,准备下车。他们看到疑今一家人茫然的样子,就问孩子要去哪里。孩子们说,要去厦门大学。下了车,天很快就要黑了。邻座的乘客就说:"你们先到中山路,找个旅馆住下,明天再进去厦大好了。"

林家托运的行李要过一两天才会到。疑今曾将一家人坐的火车班次发电报给学校,估计是周末,无人接收。一家人叫了几辆三轮车,来到中山路三友旅社,登记住下。

　　第二天疑今到厦门大学去找人联系,云轩与孩子们就在中山路上逛街。中山路的房子是三层的骑楼。这里是南方,一年中夏天时间较长,行人走在骑楼下,感觉比较凉快。这里确实比较闭塞,所谓最热闹的大街也没有几家大商店。中午全家在转弯角的绿岛大饭店吃饭。

　　第三天,一家人坐车进到厦大,车子开到西村。下了车一看,这排二层花岗岩石头砌的小楼,还是新盖的。最右边一栋小楼有三个门牌号,林家是住中间那套(24 号)。进门一看,楼下是水泥铺的地面,二楼是红砖地面,木楼梯与窗户框是用清漆刷的。楼下是一房一厅和厨房、卫生间。楼上是两间大房和一间小房。林家的家具还没到,向学校借了几张板床先住着。

当年西村住宅现已成牛排馆(梦海摄)

　　这天是 8 月 23 日,大暑节气,天气炎热。白天气温达三十四五度,而且十分闷热,大家觉得厦门天气真难受,既热又干还闷。到了晚上,开始刮风,好像凉快一些了。没想到风越刮越大,好像不大对头,到处是乒乒乓乓的响声。

　　到了半夜,可能是台风登陆了,狂风夹杂着暴雨,疯狂地卷进屋内。疑今和云轩忙着关窗户,孩子们两个人合力才勉强将窗户关上。过了一会儿,大概是屋顶上的瓦片被掀开了,二楼屋顶开始漏水。其中有一个窗户的插销质量不过关,窗户被吹开后,风雨灌进房间,几个孩子轮流去按住这扇窗,过了一会儿就筋疲力尽了,只能让它去了。

狂风在屋外一阵阵呼啸,暴雨拍打着窗户,啪啪作响。关不上的窗户,被风刮得来回摔打,暴雨从窗户灌进来,地上一会儿就积了一滩水。祖母是出生在金门的,孩子就问祖母:"厦门的风雨怎么这么大?"祖母回答:"厦门经常有台风。"孩子们一听,太可怕了!厦门不只有炮火,还经常有这么恐怖的台风!

好不容易,风雨逐渐小下去,天慢慢亮了。一个晚上,谁也没有睡觉。孩子们打开屋门,向外张望。从西村这头望到那头,路上空无一人,从西村向学校里边望(那时学校没有围墙),沙土地后边的一排楼房,也悄然无声。台风将西村屋前的一排木麻黄树木刮得东倒西歪,沙土路上都是断枝残叶。路旁电线杆上的电线也被刮断,耷拉在地上。疑今小时候在这儿待过,他就说,要到附近厦门港去买一些生活必需品和食物。疑今回来后告诉大家,昨天晚上是特大台风在厦门登录,平时没有这么大的风雨。

当时厦门大学并没有围墙,从西村往北到蜂巢山、五老峰,往东北到南普陀,都是一大片农田,种着各种蔬菜,中间有一个很大的演武池;往南到海边,是许家村的几户农舍、厦大炼钢厂的旧厂房,还有外文系的食堂西膳厅;从西村再往西是大埔仔,接着穿过一条小道,就来到厦门港沙坡尾,这里住着许多渔民,是渔船停泊的地方。

从西村向东望,厦大囊萤楼就在眼前,稍远处同安、群贤、集美、映雪楼一字排开。楼前是一片大操场。

疑今来到厦大外文系。外文系是厦大初创时期就建立的科系,周辨明为首任系主任,林文庆校长亲自抓外文教学,疑今父亲林玉霖也在这里任教。1926 年公布的《外文系学程纲要草案》规定外文系本科生为四年制，开设 27 门课程，其中英文专业课 16 门。

新中国成立后，外文系又有新发展。当时李庆云教授任系主任，英文是他的第一语言。他发纯正伦敦音，北京外国语学院曾邀请他制作教学录音带。院系调整后，厦大是全国仅有的保留英文系的七八个学校之一（其他学校改办俄文系）。

李庆云主任的英语教学沿用叶斯珀森的语法系统，语音以英国标准音为准。而当年我国大多数大学英语以美国音授课，因教师大多是美国教会学校培养或留学美国归来的。对于上海、北京一些学校偏重学习苏联专家教学方法的做法，李主任大胆抵制。他风趣地说："我们去伦敦，何必绕莫斯科走?"他对青年教师要求很严格，留校后都要到公共英语教研室教过一段后，才能在二年级授课。他亲自在一年级教课，并强调英语专业学生光会听说是很不够的。从二年级开始，李庆云教授就安排学生阅读英美古典名著。可惜，六十年代他就离厦出国生活了。

李庆云教授还要求外文系的党总支书记必须是内行。学校就派了李燕棠出任党总支书记。李燕棠早年毕业于上海圣约翰大学，英文有相当基础，后随南下服务团到厦大工作。为了做好李庆云主任的工作，李书记经常白天到教室听课，晚上还熬夜苦读英文，不久就可以用英文演讲，使师生都口服心服。疑今到厦大来，李书记也很关心，联系校产科，将疑今安排在新建的西村住，这里离外文系囊萤楼最近。

五十年代后期，外文系英语专业按年段组建为一年级、二年级、三年级、四年级四个教研室，加上公共外语教研室、科研组、电化教研室，共有七个教研室。新中国成立初，外文系每年招生约 30 人，六十年代逐年增加，1965 年招收新生数达 70 人。

林疑今老师刚来厦大时，承担"英美文学选读"和"翻译"两门

厦大外文系所在囊萤楼(梦海摄)

三年级的课程。1962—1963学年第一学期,承担"英美文学选读"与"英美文学史",第二学期还增加了"戏剧选读"课。

1960级学生瞿国文回忆求学当年,脑海里浮现林疑今老师上课情景。林老师讲到狄更斯的《双城记》,开篇那段警世通言:"这是最好的时候,这是最坏的时候;这是智慧的年代,这是愚蠢的年代;这是信仰的时期,这是怀疑的时期;这是光明的季节,这是黑暗的季节;这是希望之春,这是绝望之冬……",便忍不住掩卷闭眼,陶醉其中。学生也为这些作品所吸引,思考当下,遥望未来。

学生们回忆起蔡丕杰老师上课时十分丰富的肢体语言,常使人有身临其境的感觉。

还有杨仁敬老师的"英美文学史",不管是海明威笔下的"你尽可把他消灭掉,可就是打不败他"的硬汉桑地亚哥,还是莎翁书中纠结于生存或毁灭的哈姆雷特,都引发学生对人性的深思与探索。

疑今老师教高年级学生翻译课时,外文系安排青年教师巫维衔协助。林老师自己编教材,主讲大部分章节,安排巫老师讲部分章节,还要批改翻译的作业。

厦门大学外文系全体师生1963年元旦合影（以撒提供）

正如如今网络上流传的一句话:"没翻译过一百万字外文,莫谈翻译。"林疑今老师从中学时代就开始从事翻译,已翻译了十几本外国小说,是国内著名的翻译家,他对英文词汇的基本含义与衍生含义十分清楚。通过辅导翻译课,巫老师觉得自己也获得很大提高。

十九、老友重逢

疑今回到厦门,确实是回到童年长大的地方。他带着孩子们到鼓浪屿看望三姨婆、三丈公。来到漳州路 44 号廖家大院,疑今十分感慨。自己小时候在养元小学读书,星期天常来三姨家。当年大院里十分热闹,姨姨姑姑一大堆人在厨房忙着切菜、做饭,小孩子在院子里奔跑做游戏。现在冷冷清清:三姨的儿子永明到河南去工作,一家人在那里,也不常回来。三姨丈的二哥超照伯年轻时也读圣约翰大学,是疑今的学长,后来到厦大任校医,现已去世,留下二伯母一人住在鼓浪屿,子女都在国外。三姨丈的弟弟超熏叔现在厦门亚热带引种场工作,终身未娶。整个院子就四个老人居住。

下一个星期天,疑今带云轩到鼓浪屿白格承家。这里还比较热闹,格承是疑今从小学到大学的同学。格承的妻子是外文系教师崔盈达的姊妹,他们有一儿一女,都在读中学。格承还有一个姐姐和懿也在家里住。她年轻时学营养学,原来在北京的大学教书,终身未婚,晚年家里接她回厦门住。格承告诉疑今,养元小学的同班同学还有几个在厦门,一个张教导在厦门第三中心小学当教导主任。让疑今有空都可以来这里,他反正都在家。

疑今在鼓浪屿还有一个寻源(中学)、圣约翰(大学)、哥伦比亚(研究生)的三度同学葛德纯,现在还是外文系的同事。

云轩在鼓浪屿也有一个朋友,当年在宏恩医院当护士的同伴陈锦彩,也是宝泉夫妇结婚时的伴娘。锦彩与廖永廉结婚时,云轩也是他们的伴娘。廖永廉是个医生,他们夫妇在鼓浪屿是老少皆知的名人。廖医生不仅医术好,而且妙手仁心,一些患者经济较困难,他都不收诊疗费。永廉好拉一手提琴,经常参加鼓浪屿的弦乐多重奏。他照相的技术也是一流的。锦彩则是热心人,街坊邻居无论大事小事,凡求到她,无不出手相助。

廖医生一家(以撒提供)

1959年疑今调来厦门大学外文系任教,父亲林玉霖从漳州来到他身边,陈锦端(锦彩的堂姐)的夫婿方锡畴教授也在厦大化学系教书。疑今是"右派",许多人避之不及,家里少有人来访。锦端当年中学毕业后,到法国学习美术,回国后在上海中学教美术,直到三十多岁才结婚,新中国成立后回来厦门。锦端和她丈夫经常来疑今家,与大家聊天,回忆起从前在上海的时光。锦端回忆起星期天到学校礼拜堂做礼拜,可以遇见许多厦门人,回忆起许多读书时的伙伴。后辈们只知其一,不明其余……

1966年"文革"开始,方教授被关进牛棚,七十年代初虽放出,但身体大不如前,不久因患重感冒离世。方家领养的一儿一女,在香港发展,厦门只留下锦端一人。她已七十几岁,一头卷曲的白发,经常在厦大囊萤楼(外文系)与厦大信箱之间走动。外文系学生与她交谈,听她讲流利的英文、法文,还以为她是外国专家。逢年过节,有时疑今家请锦端一起吃饭,她很高兴。消息传到香港,锦端的兄嫂(希庆太太)到林语堂家,说起锦端现在一个人在厦门。五叔语堂立刻从轮椅上站起来,说要到厦门看望她。但半年后,自己却离世了[①]。刻骨铭心的爱是不会忘却的,确实应了白居易的诗句:"天长地久有时尽,此恨绵绵无绝期。"

二十、困难时期

老母亲虽说出生在金门,但已在上海住了五十几年,不适应厦门潮湿的气候,来厦门不久,心脏病经常发作。刚开始,她与两个孙女住在二楼。身体好时,她还经常站在窗口,望着北面东奥农场的一片农田。田地里种着一大片碧绿的高丽菜。微风吹来,在演武池水面掀起一阵阵涟漪。远处的五老峰、近处的蜂巢山,山上的松树与石块,隐约可辨。这里是一片田园风光,与上海街道的车水马龙截然不同。母亲的三妹翠嫒姨也已六十多岁,住在鼓浪屿,要来一趟厦大也不容易,先要坐轮渡从鼓浪屿到厦门岛,再叫三轮车从轮渡再到厦大来(当时没有公共交通),所以也难得来一两回。

---

① 林太乙:《林语堂传》,北京:中国戏剧出版社,1994年。

　　七妹听说母亲身体不好后,寒假从上海赶来厦门探望母亲。后来,母亲就一直躺在床上了。云轩经常做些鸡汤面线给母亲吃,或者做些新鲜的鱼汤,母亲也爱吃。晚上,家里还请了一位邻居帮助照看,要是母亲需要喝水或是便溺,有人帮助搭把手。这样过了半年。

　　因为心脏无力、血液循环不好,老母亲经常觉得腿脚酸痛。她常叫床边做作业的大孙女梦海给她捶捶腿。有一天,梦海边捶腿边与祖母聊天,突然祖母咬紧牙关,抽搐起来。梦海大叫母亲快来,云轩叫她请隔壁刘医生。刘医生来后,用手电筒照了照老母亲的眼睛,说"不行了"。云轩还要求给她打强心针,但也回天无力。疑今的母亲就因长期的心脏病去世了。在这人生地不熟的厦门,云轩不知如何办丧事,赶快到鼓浪屿请廉嫂(锦彩)来指导。

　　孩子们没有经历过亲人去世,不懂死亡为何物。祖母早上还是好好的,晚上怎么就死了呢。家里买了一口棺木,将祖母放在里头,孩子们就觉得祖母会在里头闷死了,晚上做梦还梦见祖母要从棺材里出来。父亲疑今忙着给上海、苏州、湘潭的弟弟、妹妹发电报,还给美国的二弟发了加急电报。二弟马上回了电报,并汇了一笔款,做丧葬费。因为是夏天,过了一天,第三天就出殡了。

　　亲人都穿上借来的黑色丧服,教会的牧师和主内的一些兄弟姊妹赶来了。牧师带领大家做丧事礼拜,主内姊妹和家人一起唱闽南圣诗。

　　做完丧事礼拜,亲人、兄弟姊妹、周围邻居送母亲灵柩往江头薛岭。一大队人步行到蜂巢山下,孝男疑今就出来谢客,众人回去后,灵车载着灵柩向薛岭驶去……

　　1960年的夏天是多事之夏,台海关系紧张,美国总统艾森豪威尔窜访台湾,公开向中国人民挑战。国防部决定万炮齐轰金门,以示抗议。为了防止金门敌方狗急跳墙,回击我方,学校安排基干民兵执勤,其余师生和家属到五老峰下的防空洞、凌峰楼等处躲避炮火。西村家属分配在凌峰楼。这是一座新盖的实验楼,楼顶铺了很厚的防火材料,据说不怕几十吨的炸弹。

那天师生与家属都带了些随身衣物与小凳子等,来到躲避地点。到了晚上,大概是艾森豪威尔到达台湾了,厦门前线的大炮万炮齐鸣,打得天空都红了,但是金门那边,一点都没有回应。过了一天,大家都安全地回家了。

当时正值三年经济困难时期。本来只有粮食要凭票供应,1960年后,糖、油、肉、鱼,一样样相继凭票购买,最后连豆制品都要凭票购买。每人每月只有几两油、几两肉,油水太少就有饥饿感,再加上孩子正值长身体的时候,每顿饭云轩煮了一大锅高丽菜稀饭,一会儿就被吃得底朝天。云轩看人家在后院养鸡,她也买了几只小鸡来养,后来又买了些竹鼠来养。小女儿放学回家就去拔草喂竹鼠。

后来,蔬菜也要凭户口分配。许多人家都是双职工,白天没有空,邻居推举云轩来组织西村组蔬菜分配。云轩和一个轮值人员每天到厦港菜市场,把西村组25户人家的蔬菜用板车拉回来,然后按每家人口的供应量分好秤出来,放在各家门口。这工作看似简单,实际非常烦琐。蔬菜是生鲜物品,品种多且损耗大。例如今天拉回来是高丽菜、红萝卜、芹菜,明天是上海青、白萝卜、土豆,后天又是天津白菜、黄瓜、韭菜。各家人口不同,量也不同,早上拉的菜,分的时候就会折秤。菜分好了,云轩还要把各家的菜账算出来,晚上各家有人了,才一家家去收。

困难时期,林家的生活真有些农村化了。每天晚上云轩把高丽菜和有限的米熬成一大锅粥,一人分一大碗。孩子一会儿就把粥喝光了,两眼直望着母亲,想问还有什么可吃的。孩子们饥饿的眼神看得云轩心酸。当时丈夫被划为"右派"后,每月工资降到一百五十元,五口人吃、穿、用后,基本没有剩余。疑今年轻时,家里经济紧张时,他就赶快翻译些小说补贴家用。但他现在是"右派",不能发表作品了。那时高价饼一个要一元钱,一斤地瓜三角八分,还得有农村亲戚才能买到。而林家离开农村已多年,没有什么关系可找。

云轩想起结婚时母亲给她的首饰盒,她挑了一些拿到中山路首饰店去卖。但厦门首饰店的人只识金银,对玉器、宝石不太认,有些传了两代的玉石,只给很低的价钱。可是为了孩子,云轩咬咬牙只好卖了。有了些钱才能给孩子买点高价糕饼。这样卖了几次首饰,再也没钱了。

因为副食品供应紧张,有些人就在学校的房前屋后开荒种地。疑今的大女儿梦海也学周围邻居的样,在西村的路旁开挖一些地来种地瓜。因为路边有树,虽然经常浇水,地瓜秧长了许多叶子,但晒不到太阳,只长叶,不会结地瓜。而旁边种的高粱长得很茁壮,也不嫌土地贫瘠,到夏天时,结出沉甸甸的穗子。只是高粱是粗粮,吃起来口感较差。

海外的亲戚也听说国内的困难情况了。疑今的二弟宝鼎(国荣)从美国汇款到香港渣打银行,请他们代办,定期向大哥家汇面粉和食用油。看到汇单时,疑今十分感慨,从小都是他协助父母挣钱养家、培养弟妹,没想到五十岁时却要让兄弟接济。每次汇单到了,疑今就带着大女儿到大生里铁路旁边的一个仓库,去领东西。他自己把一大袋面粉扛在肩上,女儿提一小袋糖和一小桶油,两个人步行回家(当时厦门还没有公交车)。二弟听说国内不仅食品供应紧张,轻工用品也要凭票,还从香港寄了一辆自行车给孩子们上学用。1964年后,情况逐渐好转,蔬菜不用定量供应了,到厦港有时还能买到一些海鲜。

疑今到厦门大学工作后,老父亲也来到厦门。以前一些长汀时期毕业的学生,也经常来家与玉霖老先生聊天。最常来的有中文系的黄典诚老师,他现在专门在研究闽南方言;还有教务处的潘懋元老师,他除了管理全校的教学业务,还进行一些高等教育学的研究,也常来与玉霖老师聊天。

这年夏天,老父亲玉霖也年高体弱,身体不好,疑今送他到厦大医院住院治疗。云轩有时煮些营养餐,让疑今送到医院。不久,老父亲以七十七岁高龄离世了。李燕棠书记知道后,组织外文系师生为林玉霖老教授送葬。(后来"文革"中"组织革命师生为资产阶级反动学术权威送葬"被列为李书记的几大罪状之一。)

1962 年,党中央为错划的"右派"第一批脱帽。疑今是 1958 年才补划的"右派",一般来说,最后划的会先"脱帽",他这次可以"脱帽"了。疑今听复旦那边传来的消息,林同济这次也"脱帽",可以上课了。因为他课上的好,学生都抢着要选修他的课。

厦大外文系教师人数有较大增长:新中国成立前夕全系只有 7 名教师,1958 年增加到 18 人,1965 年发展到 69 人,其中教授 7 人、副教授 6 人、讲师 20 人,教员 3 人,人数是新中国成立前的近 10 倍。外文系除英语专业外,还开办了俄语、日语、法语专业,成为多语种的外文系。60 年代外文系开始招收研究生,第一批 4 人,第二批又是 4 人。

外文系也积极开展科研活动,陈福生、陈振骅老师合作翻译了《财富的分配》《政治经济学概论》《货币和资本理论的研究》《亚当·斯密关于法律、警察、岁入及军备的演讲》等世界古典经济学名著,在商务印书馆出版,这四本被列入汉译世界学术名著丛书。"文革"后多次再版。刘贤彬、蔡丕杰老师翻译了 A. S. 荷恩毕(A. S. Hornby)的力作《英语句型和惯用法》,1959 年于商务印书馆出版后,1965 年、1982 年多次重版,香港商务印书馆也出版了他们的译作。葛德纯与王汉卿等合译了 H. E. 帕麦尔和 F. G. 布兰德弗合著的《英语口语语法》,1964 年在商务印书馆出版。这两本书的出版,实现了周辨明、李庆云等前辈的多年愿望。①

说起语法书,还有一段故事:王汉卿等是葛德纯老师多年前的学生,王毕业后在集美侨生补习学校任英语老师。为了翻译语法书,经常要来厦大。当时交通不便,来往集美的公交车一天才两趟,王老师有时就借宿在疑今家书房。学生们了解到葛老师长得很帅,年轻时找对象的条件很高,一直拖到五十多岁还未婚,就想为葛老师牵线搭桥。学生们打听到同学中有一个在上海的女同学,还未结婚,条件也不错。王汉卿等与女同学联系,并介绍了葛老师现在的情况。最终牵线成功,葛老师与女同学喜结良缘。李燕棠书记也十分关心、支持,帮忙把女方调来厦门。

二十一、"文革"初期

1965 年,疑今大女儿梦海考进厦大化学系,就搬到丰庭一②女生宿舍去住。丰庭楼是一座三层楼房,每层有 20 间房间。中间有一个洗脸水池,两边各有 10 个房间。每个房间有 18 平方米,一边有 3 架双层叠床,另一边有 1 架双层床,中间 2 排 8 张书桌。每屋住 8 个学生。那时化学系一个班 30 多个学生,只有 6 个女生。一个宿舍要住 8 个人,有两个还是隔壁班的。丰庭楼内没有厕所,这是陈嘉庚先生特意设计的,好让学生早些起床读书。

丰庭一、丰庭二、丰庭三(单身女教师宿舍)围成一个"同"字形结构,丰庭二的一侧有一个公共厕所,靠丰庭三有个食堂。

梦海所在的化学系,大一有两门主课:高等数学和普通化学,

---

① 林郁如主编:《厦门大学外文系系志》,内部资料,厦门,1993 年。

② 丰庭一已被拆除。

还有副科外语和体育等。厦门大学与其他学校不同之处在于,它是一所前线大学。厦门岛面对敌占的大小金门岛、大担岛、二担岛,学校靠东边的海属于海防前线,有解放军战士驻守。

厦门大学化学系有一个警卫连,每个年级有一个班(排)属于警卫连,男生住在大礼堂,每个人都有一杆枪,每天早上都要出操。厦大一般学生晚上要轮流站海防哨。女生站第一岗,从晚上十点到十二点;男生接着站第二至四岗。站岗时每人持一杆步枪,子弹都要上膛。1960年代台海关系较紧张,有时有小股敌人从金门过来摸哨,偶尔也有坏分子要下海投敌。海防哨既防敌人摸上来,也要防大陆的地主、坏分子下海投敌。

厦门与金门两边都设了巨大的海防宣传喇叭,朝对方大声广播。厦门这边说:"蒋军弟兄们,欢迎你们回来祖国大陆。飞机若要回来投诚,请将机翼摇动几次……"。若是南风天,在厦大校园内也可听到金门的广播:"共军弟兄们,……"

就是这段海防哨地段,现在成了来厦门旅游的人们最向往的环岛路:过了厦大白城,就是一望无际的蔚蓝大海,土黄色的沙滩是孩子们玩沙的最好地点。海边没有任何建筑和遮挡,晴天可以玩热气球、放风筝……。到了黄厝椰风寨,那里朝着大担、二担岛,有红色巨幅标语"一国两制 统一中国"。下雨天、刮风天,大海变成灰蒙蒙的,大风卷起一阵阵海浪,汹涌澎湃,拍打着岸边的沙滩,让人看到大海的另一面。

1966年的夏天,一场酝酿已久的政治大风暴席卷中国。这场风暴极其可怕,中国一切传统文化、道德观念都被斥之为"四旧",遭到毁灭性的破坏。其实早在1964年,文艺界已开始进行各种批判,到1966年夏,这场火才燃烧到北京各高等学校。红卫兵将"文革"的烈火点燃到全国各地,他们从学校冲到社会,再以"大串联"形式蔓延到全国。

厦门大学很快也进入革命高潮,大南校门进来的那条路,形成了大字报街:在临时竖立起来的木板架上,贴满了大字报,主要矛头对准学校领导"陆(维特)未(力工)张(玉麟)邹(永贤)",也有一些对着文科的系领导。接着,在芙蓉一、芙蓉二等宿舍区也开始出现大字报。外文系囊萤楼旁也是如此。

很快,红卫兵开始揪斗"牛鬼蛇神"。外文系上课所讲的内容都是"封资修",所有的教授、副教授无一幸免。红卫兵要求批斗对象自制一个大纸牌,上面写着"牛鬼蛇神×××",用铁丝穿起来挂在胸前,说是便于群众监督,回家路上也要挂着牌子。好在林家就住在学校旁,疑今走几步就可到外文系囊萤楼了,而一些家住鼓浪屿的教师可惨了,要挂着牌子周游厦门。

疑今因有被划为"右派"的经历,受批斗时,心理承受力比较强。云轩则十分紧张,这么多事,简直应接不暇:听说外文系一教师,儿子也在本系上大三,同学逼儿子揭发老子。父子无奈,上吊身亡。大女儿梦海也在厦大化学系上大一,最近不常回来,不知会有什么事。小女儿梦如从中学回来,诉说在学校被骂为狗崽子,连走路都只许走划给黑帮的路。周围邻居在传说校内敬贤楼、国光楼抄家的事,这天校产科又来通知搬家。原来是红卫兵占据敬贤家属楼当队部,要把"牛鬼蛇神"扫地出门。一位学校副书记还未被打倒,要搬到西村来,要林家腾房子。幸好校产科老职员帮忙,说对面西村(七)二楼有一套空房,云轩赶紧带着孩子把家搬过去。

厦大进入停课闹革命阶段。校系两级领导基本都靠边站,接着各个系的学术权威都被当成牛鬼蛇神揪出来。云轩很担心疑今的情况。中小学也停课了,梦海回家时,母亲要她到外文系看看。第二天一早,梦海到外文系门前,看到一排排"牛鬼蛇神"跪成一片,数数足有 20 几人。小小一个外文系,教授有 7 人,副教授有 6

人,加上系行政领导,都不足 20 人,竟有这么多"牛鬼蛇神"! 梦海回家对母亲说,"法不罚众,不可能这么多人都是坏人。只要以后还要办外文系,这些人就不能不要",要母亲放宽心,现在是运动初期,红卫兵随意定罪,到运动后期要一一甄别。母亲又问:"你们系怎么样?"梦海说:"我们系那些大字报,一看就是从档案里抄出来的,又不是什么新问题。"

梦海为了宽母亲的心,不敢说化学系运动的真相。外文系出了父子俩自杀事件后,系里军宣队对学生加强了管理,对"牛鬼蛇神"只能文斗,不能武斗。化学系一些革命职工对系主任、总支书记都拳打脚踢,更何况红卫兵小将,整天想着到哪里去搞革命行动。他们听说梦海的父亲是外文系的"牛鬼",就冲到外文系想要揍他,但又不认识。外文系看管的红卫兵见来者不善,就说"他不在这里",使疑今逃过一劫。

批斗一阵后,红卫兵就去北京受毛主席接见,或到全国各地去搞革命串联,把"牛鬼蛇神"扔在学校里做些体力劳动。许多老教师以前没从事过体力劳动,现在进行劳动改造,也只能是量力而行。1970 年,工军宣队要求将大礼堂前的运动场开辟为菜地,学校共有 8 个系,一个系分一块菜地,学生将水用桶一担担挑到运动场,要这些老教师浇菜。有时候要为菜地拔草,老教师也很难长时间蹲着,有人就干脆趴在菜地里干活,回家再去洗衣服好了。

疑今的儿子以撒,起先被厦港街道安排到筼筜港围海造田。有一段时间,又到厦港街道帮忙搞阶级斗争展览。抄家抄来的展品无非是一些大衣、高跟鞋,而自己家里从上海带来的冬衣远比它们贵重得多。以撒回家告诉母亲后,云轩赶快想办法,先把上海带来的皮大衣拆开缝在被子里,毛衣、毛线装在枕头芯里。疑今在上海时,上课穿西装,家里十几套高级西装怎么办? 云轩把西装拿到裁缝铺,请裁缝将西装改成中山装或女装。裁缝说,要改也只能一套一套慢慢改。云轩说:"没关系,西装就寄在你这里好了。"家里还有几十条领带,质量非常好,没办法处理,只能和一些破布一起捆成拖把来用,实在可惜。

外文系红卫兵的抄家、"破四旧",主要是针对家有深宅大院的老先生。林疑今就住在外文系旁边的西村,家里的两间房一望见底。红卫兵要求林疑今自己将"封资修"书籍拿来交。疑今按他们的要求,将家里二三十本世界名著(大多是自己翻译的,或是学生、同事翻译赠送给他的),还有十几本《圣经》、圣诗,分两三次提到外文系,交给红卫兵。"文革"后期,上面提出要归还抄家没收的物品,世界名著一本都没送回来,《圣经》还有几本送回来了。疑今老师也不在意,本来书就是给人看的。当时图书馆怕学生冲击,都保护性关闭了。学生能看看世界名著,总比搞"打、砸、抢"强。

1969年,毛主席号召知识青年(主要是"文革"时的中学生)"到农村去,接受贫下中农再教育"。疑今家里,儿子以撒因从小有哮喘,无法从事重体力劳动,就留在厦港居委会服务,小女儿梦如报名下乡。厦门分配的下乡地点是闽西的永定、武平、上杭三个县的农村。厦大行动比较快,小女儿没法等中学的同班同学,只好与邻居刘医生的三个女儿一起到武平县东留公社去插队。

家里没有人在农村,也不知道要为小女儿准备什么行装,只知道武平是山区,在福建省的西南角,靠近江西与广东两省。东留公社,则最靠近江西省的会昌县。毛主席有一首诗:"东方欲晓,莫道君行早。踏遍青山人未老,风景这边独好。会昌城外高峰,颠连直接东溟。战士指看南粤,更加郁郁葱葱。"可想而知,这里是山高林深之处。家里给小女儿梦如准备了两床棉被、一件棉袄、一条毛裤,还有毛衣、毛背心。当然还有四季换洗的衣服。

梦如下乡前,全家在西村前合影(以撒提供)

　　小女儿梦如下乡插队的批次属于厦门的第一、二批。政府很重视,组织了热闹的欢送仪式:火车站红旗飘飘、锣鼓喧天,知青的父母、兄弟姐妹和欢送的人群挤满了车站。许多知青才十五六岁,还有不少人已十八九岁,大多数人都是第一次离开父母,到一个陌生的地方去。不久火车要开了,汽笛拉响,车上响起"到农村去,到边疆去,到祖国最需要的地方去……"的歌声,知青们趴在车窗边,想着要离开父母,离开熟悉的厦门,独自到遥远的深山里去,不禁抽泣起来。火车越开越快,越开越快,不久就从人们的视野里消失了。而父母亲则更是舍不得,他们都知道山区农村与城市的巨大差异,起先是强忍着眼泪,最后则泪流满面。

　　火车开到了上杭县,再往前就要换汽车。汽车到了武平县,周围已经是深山老林,但是东留公社还在大山更深处。梦如所在的知青车队（五辆卡车、九十几人，还有厦门的护送干部），终于来到东留公社。他们的知青点在新联大队，离公社十里地。据公社领导介绍，这里是地多人少的地方，很欢迎厦门知青到来，一起建设社会主义新农村。

梦如的知青点在两户农民家里。这里农民多是客家人，祖上从广东梅州迁移到这里，而更遥远的祖先是中原地区的居民。他们都讲客家话，与闽南话相比，比较接近普通话。

到了农村，首先要学会上山砍柴、生火做饭。这些都不是容易的事。城里的孩子从小都过着饭来张口、衣来伸手的日子。政府考虑到这一点，知青下乡第一年，国家给他们粮食补贴。刚开始，知青就在房东家吃饭，粮补就发到房东家。房东家的灶好大，有梦如厦门家里的大高压锅五倍大。房东用自己家的新米，在柴火灶上做饭给知青和一家人吃。他们这里种的芥菜，比厦门菜市场卖的要大一倍，他们自己吃，因此不施化肥，芥菜炒起来比较甘甜。

新联大队的田地一部分就在村子边上，还有些在深山里。第三天，大队长和大队书记分别带着两拨人到深山的田地参观。新联大队在山里的梯田，是顺着山势开垦出来的。这里都种水稻，除了农民自己一年的粮食外，还要交公粮。大队长告诉知青们，水稻基本上成熟了，过几天就要割稻子了。

接下来，大队长给每个知青点划一块菜地种菜，还给知青发了几种菜苗，并交代了种植方法。这里不是厦门，随便出门就可买到食品、肉类或蔬菜。即使是咸菜，也要自己种了自己腌制。

二十二、工军宣队进校

再说厦门大学的学生，1966 年、1967 年的"文革"运动是破四旧、大串联，接下来夺权、成立革委会。1968 年夏天，党中央要求各派要大联合,"要文斗不要武斗",并向北大、清华等高校派出了工军宣队。福建省军区向厦门大学派出解放军毛泽东思想宣传队,后来,厦门主要工厂也向厦门大学派出工宣队。

厦大工军宣队发通知,要求学生迅速回校。到了秋季"促派"学生基本回校,"革派"学生回来较少。直到1969年春节以后,学生才又陆陆续续返回。中央"文革"小组要求各高校复课闹革命,厦大工军宣队只到厦门工厂去小规模开门办学,而不愿意在学校里复课。

工军宣队阶级斗争的弦绷得很紧,每天早晚组织全校师生分系进行"早请示""晚汇报"。平时则集中在校内学生宿舍,学习报纸社论,搞各个系的"斗批改"。

外文系的"斗批改",大都是针对每个"牛鬼"在新中国成立前所工作过的单位,例如美国驻华大使馆、中美合作社等,要他们坦白在那时那地做了什么坏事。林疑今当时没在敌伪机关工作过,红卫兵就拿他的名字来批判。红卫兵说:"林疑今,今天是社会主义制度,在共产党领导下,你为什么要起这样的名字——怀疑今天?"疑今申辩说,他这个名字是在旧社会(1929年)起的,当时翻译雷马克的《西部前线平静无事》时用作笔名。如果大家觉得不适合今天的社会,他可以改名为"林宜今",即适宜今天。

但第二次批判会,红卫兵又提出意见:"你用'林疑今'这个笔名翻译了许多'封资修'作品,现在要改名,岂不是要逃避斗争?"但林疑今在"文革"中有一段时间,就是用"宜今"这个名字。

1967年底,国家将1966届、1967届毕业生的分配方案下达给大学,这两届有具体的分配方案。厦大是全国统招的大学,分配的地区也是全国性的,包括东北、西北、华北、西南、华东、华南,大都有具体单位。1968年秋天,1968届的分配方案也下达了。与上两届不同,除了少数学生分配到国家级单位,其余基本都分配到基层县级单位。

1968年秋天,工军宣队主持全校革命群众召开批斗大会。先是处理"促派"对学校金工厂一个工人的谋杀案。1967年春节时期,大部分学生已离校回家,促派组织的武斗小分队(一些侨生无处可去,参加了这些活动),受"促派"头目指使,谋杀了金工厂一个工人。工军宣队要武斗小分队的成员都跪在台上,然后宣布他们的罪状,其中几个被押送进监狱。

接下来,更恐怖的是宣布"将中文系黄典诚押上台"。黄典诚就是老父亲玉霖在世时,经常来疑今家与父亲聊天的中文系黄老师。他的罪状是:厦大两派斗争中,"促派"掌权时,他写了一首诗歌功颂德;"革派"掌权时,他又写了一首诗赞扬。这岂不是典型的阶级敌人挑动群众斗群众吗?! 黄典诚老师从座位上被拉出来,马上扣上手铐,当场押进刑车,送进监狱。在场的师生看到黄老师因写两首诗就被抓进监狱,都感到不寒而栗。梦海在场更是心惊胆战,黄典诚不就是以前经常来找祖父的那人吗?!

1970年,"文革"进行到收尾阶段,中央要求各地开展"清理阶级队伍"(简称"清队")和"整党"运动,这两项运动主要针对干部与教师。疑今年轻时没在敌伪机关工作过,"清队"时日子比较好过。有些教师做过国民党或三青团的区队长或学校校长,这段时间外调工作就十分繁忙,天天要接受来自全国各地的外调。国民党执政后期,与共产党争夺青年,要求中学生要一个班、一个班地集体加入三青团。现在这些年轻人已进入中年,"清队"中要讲清楚这件事,就要当时介绍他们入团的老师或中学校长证明他们当时没做过什么坏事。

厦大大部分学生则组成科研小分队,到工矿等地搞科研。化学系师生有些到化工厂,利用糖精生产过程排出的废水和氨气,制成氯化铵化肥;有些师生到厦门电化厂,经过十几昼夜奋战,试制成功第一批纯碱;有些师生到侨星化工厂,试验乙炔合成苯的大型车间的工艺流程和新型催化剂。

还有些师生留在学校实验室,进行六氯苯农药试制。经过多次实验,用木炭和氯气直接合成六氯苯农药,还可用氢氧化钠中和,得到五氯酚钠除草剂;另一些师生在实验室中研制出银锌电池,与普通的 1.5V 电池相比,体积、重量缩小一半,容量相当于普通电池的 15 倍,可在低温(零下 40℃)状态下正常使用,后来配备给军用电台使用[①]。

学生中成分差的学生(如梦海)则到集美—杏林海堤工地挖土、推车,进行劳动改造。每天早上,这些学生踏着晨光、迎着朝阳,拉着满满一车车黄土在集美—杏林海堤上奔跑。梦海觉得还好是年轻,虽然很累,但慢慢也开始适应这样的生活。看到海堤一天天加长加宽,总比每天关在学校里搞"斗批改"强些。

1970 年秋天,厦大最后两届统招大学生都到了毕业时间,这次毕业分配没有具体单位的分配方案,而只有大块状地分配到山东、安徽、江西、福建四个省的军垦农场,让这些整天造反的大学生到部队去好好改造。梦海庆幸这次分配方案都在华东地区,若是有青海、甘肃,恐怕还是要落到自己这样出身不好的学生头上。(这两届招生已执行阶级路线,同学中出身不好的学生只占百分之一二。)

梦海被分配到山东省,先到山东省昌邑农场报到,再跟部队拉练到黄河口垦利军马场锻炼。

二十三、疑今恢复教学

1972 年,厦门大学按中央指示招收工农兵学员,开始恢复教

---

① 宋毅、谢兆熊主编:《厦门大学化学化工学院院史》,厦门:厦门大学出版社,2021 年。

学工作。校系都是工军宣队领导。外文系军宣队领导老张翻了翻档案，这些教授里边，不是国民党三青团骨干，就是中美合作社翻译，要不是美国大使馆雇员，还有国民党宣传部的稽查员。只有林疑今新中国成立前没有在敌伪组织中任职，问题比较简单，是1958年补划的"右派"，现在先把他放出来上课。领导干部中，李燕棠是大学提前毕业后，跟着解放军南下工作的，政治上比较可靠。1973年李燕棠就被任命为外文系主任。同时，开始招收工农兵学员，以后几年外文系每年招生数在80人左右，教师需求量增大，老教师也就逐步解放、恢复教学工作。

1973年春节，小女儿梦如从武平农村回来过春节，大女儿梦海从山东临沂回来探亲，疑今已恢复上课，儿子以撒建议全家去厦大校园照几张相片。校园里现在工农兵学员也不少，一家人就午睡时间到大操场，先照了几张全家照，接着梦如与父母在毛主席语录牌前照了一张。

疑今夫妇与小女儿梦如(摄于1973年春节，以撒提供)

疑今全家在厦大校园(以撒提供)

疑今还高兴地告诉大家:"我对系里同事说,我是资产阶级知识分子,正在积极改造思想。但是我家里第二代都成了工农兵了:小女儿在武平当农民,儿子在厦门工厂当工人,大女儿在山东部队当兵。"

1971年10月,我国在联合国的合法席位得到恢复,1972年2月尼克松访问中国,中美共同发表了《上海公报》,与我国建交的国家越来越多,外语人才的需求也越来越大。1972年,外文系俄语专业恢复招生。1974年,创办了日语专业。1975年,外文系应福建省政府的要求,开办了一期援助非洲人员的法语培训班,在此基础上,外文系成立了法语专业,于1978年开始招生。

李燕棠担任外文系主任期间,系里没有外籍教师,他积极与外经贸部联系,带一些师生到广交会、桂林等地参加翻译活动,直接与外宾接触,使学生得到口语的真实锻炼,提高了听说能力。

1970年代，外文系还做了不少科研工作，首先是集全外文系之力，编写《综合英语成语词典》，在商务印书馆出版。这是我国当时出版的最大型的英语成语工具书，全书达240多万字，收录英语书面成语、口语成语、常用谚语和常用百科性词语26000多条。

当时"斗批改"运动进行到后期，该查的问题也查得差不多了。李燕棠主任知道外文系这些老先生之前是有些政治问题，现在也基本查清了，天天斗来斗去，也不可能有什么新结果，实在是浪费时间。他向外文学军宣队队长老张提出，这些老先生的英文程度是相当高的，是否可以让这些人来编词典，也是变废为宝，为国家做点贡献。老张也同意李燕棠的意见。

林疑今教授与徐元度、陈福生教授讨论《综合英语成语词典》的编写工作

《综合英语成语词典》由徐元度、陈福生、黄文鹰、林疑今、刘贤彬、巫维衔、黄希哲、苏恩卿、蔡丕杰、葛德纯等二十多位老师，经历十多年艰苦努力，编写而成。老教师们从天天被"斗批改"到可以编词典，感到可以用自己一技之长，为国家做些有意义的工作，个个都十分卖力。林疑今老师也参加这一工作，1973年后转向教学工作。

　　词典的编纂工作是非常烦琐、非常艰苦的。首先是成语的选择,英语成语极为丰富,其含义一般不能由各组成部分推断出来。如何正确理解、掌握和运用成语是十分关键的问题。而成语词典也是英语学习者和英语工作者不可缺少的工具。

　　词典以成语为主,同时还收录一些谚语、俚语、短语动词,还有不易从字面上理解的常见百科词语,共 26000 余条。许多条目还附有从英美文学作品中摘录的例句,使读者可通过例句全面理解有关词语在具体语境中的作用。

　　每天早上,二十几位中老年教师齐聚外文系。在开始工作前,有时还商议一下昨天编纂中遇到的问题。编纂词典是一件非常锻炼耐心的工作,多亏有了团队的帮扶,遇到困难,大家集思广益,才能持续前进。

　　徐元度老师虽然年逾古稀,但仍冒着严寒酷暑,认真细致、一丝不苟地伏案编写。黄文鹰老师虽身患绝症,但仍以极大毅力坚持工作,《厦门日报》、中央人民广播电台都先后报道过黄老师的事迹。

　　外文系编纂的《综合英语成语词典》(*An English-Chinese Dictionary of Idioms*)共计 240 万字,收录 26000 余条项目,于 1972 年 10 月在商务印书馆出版,以后又多次再版。

　　1972 年,我国恢复在联合国的合法席位,外交部将一大批联合国文件委托教育部翻译,全国一些重点高校承担这一任务,厦大外文系也承担了一部分。1974 年完成翻译 100 万字,1975 年完成 60 万字,持续到 1980 年代,共完成 400 多万字。译文翻译质量多次受到领导部门表扬,使外交部通过教育部多次下达任务给厦大外文系。(翻译工作主要由陈世民老师主持,大家参加工作。)外文系的教师,在一起编词典、搞翻译,都是团队工作,不仅完成了任务,提高了业务水平,也增强了相互之间的团结和友谊。

　　外文系还集体翻译了《柬埔寨简史》《老挝史》《泰国与柬埔寨

史》，都在福建人民出版社出版，填补了我国在东南亚历史研究方面的空白。俄语教研室翻译了《苏维埃国家的武装力量》《十七世纪俄中关系史》等重要文献。

疑今与小女儿梦如在大礼堂前合影（以撒提供）

小女儿梦如在武平插队，那里副食除了蔬菜、鸡蛋外，没有鱼肉等。云轩发现除了厦港有时有些海鲜外，在曾厝垵有时也有人在"讨小海"。在每月的大潮水时（农历初一至初三、十五至十八日），云轩就会到厦港或曾厝垵去买鱼。若买到大鱼，家里也舍不得吃，做成鱼松，积攒起来，寄到武平给小女儿吃。

在走往曾厝垵的路上，云轩经常见到厦大校级干部在农田里劳动改造。云轩认识好几位干部，现在都住在西村。他们现在虽然不担任领导，但云轩知道这些干部都是好人。张玉麟校长曾两次到上海去请老林（疑今）来厦门上课。未力工书记领导学校也很有方法，他妻子老刘是梦海所在系的书记，招生时曾据理力争，才使梦海能读化学系。（当时招生人员说，这是"右派"子女。刘书记

125

回答:"她父亲可在厦大教课,她为什么不能上课?")

云轩大声与他们打招呼:"老张,老未,你们在这儿劳动呵?"这些老干部被打成"黑帮""走资派"后,很少有人敢与他们打招呼,特别是在大庭广众之下。现在,这个邻居大声地打招呼,使他们心里暖暖的。云轩看到太阳很大、天气很热,就对他们说:"你们要戴草帽啊,小心,不要中暑了。"这些话,要在平常交谈中是没什么,但是,这些老干部几年来被革命小将吆喝来吆喝去,听到这些话,感到回到了社会正常人的生活。

云轩知道这些大干部被隔离审查,住在牛棚里,无法回家。有些保姆在没有工资的情况下,自愿留在他们家中,照顾孩子。云轩买到较多好鱼时,她会煮几条端到老张、老未家中,给他们的孩子们吃。俗话说,公理自在人心中。大家都觉得,历史最后会做出公正的判断,早晚会给他们平反。

疑今老师开始为工农兵学员上课。学校的培养目标是培养"能用英语宣传马列主义、毛泽东思想,担任外事工作,为工厂企业作外文翻译和中学英语教师"的人才,要求"招收上山下乡和回乡知识青年,一般不超过二十三岁,口齿要清楚"。[①]

这些学生是单位推荐来上学的,程度参差不齐,但能到大学来学习,每个学生都十分珍惜这个机会。疑今老师首先要他们掌握基本的英语口语。开始是打招呼、简单的自我介绍等,然后是进一步的交谈,关于学习、关于时间、关于工作计划……当时国际上正在流行 Macmillan 公司出版的《英语 900 句》,对各种场景,练习用10 个句子的对话来描述。林老师也拿过来作教材。

---

① 厦门大学校史编委会:《厦大校史资料·第四辑(1966—1987)》,厦门:厦门大学出版社,1990 年。

疑今老师(前排左四)与外文系 1974 级同学合影(以撒提供)

在基本口语过关后,接着林老师要学生阅读 *China Daily*
(《中国日报》)的英文文章,开始是简短的新闻报道,以后逐步加深
到阅读政论文章。接着培养学生写简单的新闻报道……学生们觉
得每个月都有提高,学得都很认真、很刻苦。

1976 年是中国历史上难忘的一年。年初,日理万机的周恩来
总理离开了人世,清明节时万人在天安门广场纪念总理;7 月初统
帅三军的朱德总司令也离世了。7 月 28 日唐山大地震,死伤几十
万人,9 月 9 日伟大领袖毛泽东主席逝世。一代伟人都告别了世
界,一个时代结束了。中国向何处去?大家都很茫然。

第六章

建设外文系

二十四、彻底平反

1976年，党中央一举粉碎了"四人帮"篡党夺权的阴谋诡计，挽救了革命、挽救了党。

之后不断传来好消息：邓小平又复出了，他主动向中央要求，分管教育科技方面的工作。八月初，邓小平主持召开著名的知识分子座谈会。邓小平鼓励大家放下包袱、开展工作，知识分子冰凉的心开始回暖，大家一致拥护全国"恢复高考"。

接着，《人民日报》发表一篇文章《教育战线的一场大论战——批判"四人帮"炮制的两个"估计"》。其中提出："文革"中，新中国成立至"文革"前的教育战线被诬为"黑线专政"，教师被批为资产阶级知识分子，是"革命对象"。接着工农兵进入大学，进行"上、管、改"，这些都是错误的。党中央认为，该时期教育路线虽受干扰，但无产阶级革命路线仍然占主导地位，教师是革命力量。

当时学校还是由革委会领导的，学生都是工农兵学员。中央指示，要对"文革"中的冤假错案平反，但许多单位的领导者就是冤案的制造者，平反工作进展困难。为了解决思想认识问题，全国开展"实践是检验真理的唯一标准"的大讨论。

1977年12月中旬,时隔11年,中国再次举行高考。不论是城市赴农村插队的知青,还是农村的回乡青年,听到这一消息,无不欢喜雀跃。一些1966届高中毕业生,等待这一刻,等了整整11年!

1978年3月召开全国科学大会,邓小平在大会上阐述了"科学技术是生产力"这一马克思主义的基本原理。他说:"从事体力劳动的,从事脑力劳动的,都是社会主义社会的劳动者。"①听到这一论述,许多知识分子感到获得了第二次解放,有人流出了激动的眼泪,会场上的掌声经久不息。

1978年召开全国科学大会

1979年10月,国家科委党组发布《为"文革"重大冤假错案平反》的文件,揭开了中共中央为知识分子平反冤假错案的大幕。

厦大也开始为历年被错打成"右派""坏分子"等人员彻底平反。疑今的"右派"是1958年补划进去的,1962年虽已脱帽,但仍是"脱帽右派",要控制使用。

厦门大学专门成立落实政策办公室,指定人员专门纠正错划

① 《在全国科学大会开幕式上的讲话》,《邓小平文选》,第二卷,北京:人民出版社,1994年,第89页。

"右派"的遗留问题①：在 1957 年反右斗争中，全校被错划为"右派"分子的共计 182 人，其中教职工 43 人，学生 139 人，被错划为"中右"的 73 人。这次对他们彻底平反，恢复原职、原工资②。但之前扣的工资，都没有补发。

1978 年厦大第一届科学讨论会外文系分会场（以撒提供）

当时厦门大学党委、校领导，代表组织找疑今谈话。疑今就提出，若是彻底平反、恢复原职，就应该让他回上海。未立功副书记对疑今说，"按政策，你是可以回上海，但那里的教授比我们这里多得多，我们这里更需要你"，接着校长对他说："厦大决定让你出任外文系系主任。"疑今听了有些担心，他回答："我每个星期天都要去教堂做礼拜，当系主任是否合适？"办公室里冷场了一两分钟。校领导相互看了一下，没想到是这样的回答。张玉麟副校长说："去教堂，这是你的宗教信仰，我们尊重，不加干涉。"（"文革"中，教堂被关闭，1979 年才刚恢复开放。）

---

① 厦门大学档案馆、厦门大学校史研究室编：《厦门大学校史·第二卷（1949—1991）》，厦门：厦门大学出版社，2006 年。

② 厦门大学校史编委会：《厦大校史资料·第四辑（1966—1987）》，厦门：厦门大学出版社，1990 年。

疑今回到家里,告诉云轩说:"学校通知我彻底平反了,还要我当外文系系主任。"

疑今的"右派"平反之后,学校要他重新填写了一份个人情况表,委任他为外文系主任。郑朝宗出任中文系系主任。

林疑今与郑朝宗(以撒提供)

1979年,疑今"右派"彻底平反后的工资,恢复到1950年代的200多元,三个子女也已工作,家里负担较轻。厦门市一些礼拜堂如新街堂、竹树堂,已恢复开放、聚会,疑今与云轩每个周日都到新街堂做礼拜,同时按照收入的十分之一奉献。

不久云轩就与疑今商量:自己没有工作、没有收入,无法奉献。她希望在疑今的工资中再拿十分之一,作为自己的奉献。疑今完全同意。从此,疑今与云轩每月将工资的五分之一奉献。"文革"结束,交去的《圣经》和赞美诗都发放回来了。他和云轩每天晚上都读经、祷告,为厦门的教会祷告,为家庭的子女、弟妹祷告。

云轩也想起自己的兄弟。大哥孙云铸是国际知名的地质学家,"文革"前在地质科学研究院任副院长,培养了许多地质人才,

姓名	林疑今	别名	林国光	性别	男	出生年月	1913年4月	籍贯	闽龙溪	民族	汉	党派	民盟
学位	硕士	学术职称	教授	专业	英译							懂何种外语	俄
工作单位及职务	厦门大学外文系			参加何种学会或学术团体	林文堉会 外国文学研究会 美国文学研究会								
通讯处	厦门大学西村(7) 206			主要论著	美国文学史纲(儿佃)(唐,石成金?), 北京, 1954								
目前研究课题	现代英美文学												
简历	上海圣约翰大学文学士 (1935) 美国哥伦比亚大学研究院文科硕士 (1939) 重庆沪江东吴联合大学教授 (1943) 大夏大学教授 (1947-50) 复旦大学大学教授 (1951) 厦门大学大学教授,外语系美国文学研究室主任 (1952-54) 厦门大学教授,英语专业主任 (1980-84)												
主要著作及科研成果 时发表在何种刊物上 (何)	著有小说 '旗声' 上海现代书局 (1931) '天明时' ...良友... (1933) 译有 '西线无战记' 商务 (1940) '战争与和平' 中华 (1934) '战地春梦' 西风 (1939) '凯旋门' 北京人民文学出版社 1962)												
参加过哪些国内重大学术活动及国际学术会议 (时间、地点)													

厦大档案馆保存的林疑今填写的个人情况表

"文革"中也受到冲击。1978年召开全国科学大会,大会组委会认为他已年迈,没通知他。不料他直接冲到会场,说:"打倒四人帮了,我们要开始搞科研了。"这样不请自来的老科学家听说也有十几位。1979年,梦海到北京过寒假时去找大舅,他已八十高龄,但仍十分健康。大舅带着梦海去医院看三舅。大舅对梦海说,"医院离这里才三站路,公交车也不好等,我们就走着去吧"。一路上大舅迈开大步走,他长期带学生到处找矿,走惯了崇山峻岭、山间小路,北京宽阔平坦的大路当然不在话下,梦海紧追慢赶才追上他的脚步。到了医院,梦海才知道三舅志戎已中风,昏迷不醒。三舅早年在北京当医生,1950 年代调到青海西宁医院工作,"文革"后才回到北京。不久三舅就去世了。第二年大舅也走了。

　　1940 年代,云轩四哥孙云焘从法国留学归来,在南京中央大学药学系任教。1940 年代末随国民党撤到台湾,在台湾大学创办了药学系。因科研出色,四哥还在国际药学会、世界卫生机构任职,故一时还不便回来。五弟云畴赴美留学,回国后先后在北京大学、郑州大学、华东师大任职;七弟云寿在大连医学院任教。1986 年底四哥邀请云轩与五弟云畴、七弟云寿到香港会面。孙家在香港并没有亲戚,负责接待的是四哥的学生,这些学生有的是药店老板,有的是药厂厂长。他们的盛情接待,才使孙家兄妹得以团聚。

孙家兄妹

注:左起依次为七弟云寿、云轩、四哥云焘、五弟云畴。

133

几天的相聚怎能诉尽几十年的亲情。离别时大家相约过几年到台湾再聚。但时局并不如人们的期望，直到近 20 年后，四哥云焘在台病重，五弟才得以申请赴台看望。

疑今小女儿梦如在农村劳动，虽然表现很好，不管是插秧、犁田，还是收割、晒场、入仓，也不管工作多苦多累，从来都没有不出工，但每次招工、参军都轮不上她。一是知青这么多，招工名额很少；二是因为人家好成分的都走不了，怎么能轮得上她！

直到 1976 年，全部知青都可以回城时，大队党支部书记还想发展梦如入党。他觉得，这是对梦如六年多来下乡的一个肯定，也是新联大队唯一可以给梦如带走的。新联大队上报到公社，公社出函到厦门大学人事处来调查，回函是："她的父亲林疑今是 1958 年在上海复旦大学被补划的'右派'，1962 年在厦门大学脱帽，现在是'脱帽右派'，其子女不适宜入党。"

这年，厦大许多教师、干部的子女都从农村回到厦门，但厦门招工指标很少，厦大子女基本无法就业。有些教职工就以自己退休，换取子女顶替在厦大就业。疑今这年也 63 岁，已到退休年龄，他找外文系主任李燕棠反映这情况，李主任答应向学校反映。

最后学校在各个服务部门、附设仪器厂、化工厂，寻找了几十个岗位，让厦大子女顶替上岗。年轻人受到读书无用论和工人阶级光荣的思潮影响，大家争着到工厂去，医院、图书馆等单位没有多少人想去。梦如最后被分配到图书馆，父亲很高兴，这是学校里除了外文系以外，他最熟悉的地方。

后来，图书馆还送梦如到武汉大学图书馆培训。梦如以前读双十中学，文史基础都比较好。在进修班学习时，考试成绩很好。老师对她说，"你这样的程度，可以考研究生"。梦如想，自己好不容易回到厦门，又分配在图书馆工作，读完研究生，还不知要分配到哪里。现在好好学习，回去厦大图书馆好好工作吧。

　　好消息不断传来，疑今的儿子以撒结婚了，一年后，一对双胞胎诞生了，疑今为孩子起名为恩来、恩加。

以撒一家

疑今、云轩与双胞胎孙子(以撒提供)

二十五、招收研究生

1977 年恢复高考招生制度,外文系招收新生 94 名(英语专业 72 名、日语专业 22 名),1978 年在此基础上,新办的法语专业,招收新生 15 名。1979 年招收英语、俄语、法语专业新生共 108 名[①]。80 年代,外文系全系本科生 400 多人,其中英语专业近 300 人。日语专业 65 人、俄语专业 33 人,法语专业 25 人。

1978 年夏季,全国恢复招收研究生,厦大外文系首批获准招收英语专业研究生 11 名。初试是全国统招,试题邮寄到各地招生办代为监考。考卷寄回厦大,改卷后择优选取 20 名考生,通知他们 10 月来厦大复试(面试)。

面试时,考官与有些考生似乎曾经相识,但与十年前恰好换了个位置:当年红卫兵管理"牛鬼蛇神",对着这些老教授大声吆喝:"你们要不要出路?""坦白从宽,抗拒从严!顽固到底,死路一条。"现在面试时,老教授一排坐开,要考生一个个进来回答问题。这些"文革"中的三届生,有的答得好,有的答得差,但最后结果是没有一个通过,倒是工农兵学员还有几个录取的。

李燕棠书记主持研究生招生工作,复试的成绩不理想。而现在在读的大学生中,有些程度相当好,或可破格录取几人,免得招不满,浪费名额。他把这一想法汇报到学校,得到学校招生办和教务处的同意。

这是"文革"后外文系招的第一届研究生,年龄分布很广,最年轻的是从 1977 级大学生中破格录取的 3 名学生,年纪最大的是大

[①] 厦门大学校史编委会:《厦大校史资料·第四辑(1966—1987)》,厦门:厦门大学出版社,1990 年。

学毕业后工作了 15 年的老邹,他在"文革"中被当成"白专"典型遭批判,成了"牛棚"里最年轻的"牛鬼蛇神"。

11 名研究生分三个研究方向:现代英美文学、现代英语和英语词典编纂。指导教师是林疑今、陈福生、徐元度、蔡丕杰、葛德纯、刘贤彬、林纪熹、苏恩卿、黄希哲等教授、副教授。

外文系教授有各方面的专家:陈福生是经济英语、法律英语的专家,徐元度是文学翻译专家,

鼓浪屿三位圣约翰大学校友合影(以撒提供)
注:左起依次为蔡丕杰、林疑今、葛德纯。

林疑今对英美文学较熟悉,葛德纯对英美语言学学有专攻。若分开带,学生享受不到不同方向的教育。疑今与老教师们商量,建议集体上课,论文分开指导。

老教授们刚经历了"文革"长达十年的非人待遇,现在可以为研究生上课,成为革命教师、工人阶级的一员,大家都喜出望外,十分愿意。外文系安排葛德纯讲授"英语语言学",蔡丕杰讲授"英语语法与句型",林纪熹讲授"英语语音学与形态学",徐元度讲授"文学翻译理论与技巧",陈福生讲授"非文学翻译理论与技巧"(主要讲法律与经济翻译),林疑今讲授"英美文学理论"。

"英美文学理论"这门课包括古典文论、现代文论和当代文论

三个部分。古典文论主要包括古希腊文艺思想及罗马古典主义、中世纪基督教神学文艺思想和文艺复兴时期的文艺思想,还有新古典主义、浪漫主义和批判现实主义等基本思想。现代文论主要包括象征主义与意象派诗论、俄国形式主义和英美新批评派、精神分析及原型批评理论等基本理论。当代文论主要包括西方马克思主义、后结构主义、后现代主义、新历史主义等基本理论。

林疑今教授上课时简单介绍英美文学的古典文论,重点讲述现代文论,当代文论部分则留给学生自学。英美文学的现代文论,涉及许多文学作品,林老师开了许多参考书给学生看,然后课上与学生讨论这些作品。

研究生第一学年主要是上课,指导教师也给学生出了论文题目,可以边上课边考虑论文。第二学年主要是撰写论文。

这届研究生是"文革"后的第一届学生,学习热情很高。蔡丕杰老师上课后,布置了作业,对大家说可以练习一下这些题目,有的同学现在做的作业不知对否,过两年程度提高了,就可以自己改作业,但同学们还是把作业做完,交给老师,希望老师指正。蔡老师被学生的学习热情所感动,不顾年龄已高,坚持为学生批改作业,还对学生说,有什么不懂的方面,都可以去问他。

经过师生双方两年的努力,学生都完成了硕士论文,准备进行论文答辩。

1980 年 7 月 10 日,系主任林疑今教授主持论文答辩会,陈福生教授、徐元度教授、蔡丕杰教授、葛德纯教授、刘贤彬副教授、林纪熹副教授组成答辩委员会。外国专家吴玛丽女士参加指导,办公室主任陈升法兼答辩委员会秘书。

答辩会上,每位研究生先用英语宣读自己的研究论文。第一个上场的是年轻的庄开仁同学,他是新中国的同龄人。"文革"前读的是厦门双十中学,学习基础较好,下乡插队时又坚持学习英语,大学第二年就被破格录取为研究生。他提交的论文题目是《英语语段中的承接手法》。中国学生在写英文文章时往往在语段连接处处理不当,开仁同学在陈福生导师指导下,研究了这一普遍问题。

当时"文革"刚刚结束,国内很少有外文专著出版。有一位教授取出一份美国报刊摘录的文章,让开仁同学分析。庄开仁不慌不忙,仔细阅读了文章,然后结合论文当场分析,分析得合情合理。

班上年纪最大的邹必成同学的论文是《英语形容词句法功能浅释》。邹同学在读研前,在英语专业已工作了十几年,英语基础相当扎实。答辩会上,他用洪钟般的声音朗读论文,回答问题时,颇为雄辩。答辩会上,一般答辩委员只提两三个有点难度的问题,其余让群众提问。后来,教授们看邹同学相当老练,就前前后后共提了9个问题,邹必成同学都一一做了解答。当然,最后的评语和成绩是相当好的。

答辩会持续了3天。当时陈福生老教授已75岁高龄,他住在校外,不顾体弱多病,每天在夫人的搀扶下赶来。当时正有台风警报,蔡丕杰教授已年近古稀,家住鼓浪屿。他也不顾家人劝阻和风高浪急,坚持跨海赶来赴会。

第二天上场答辩的是陈燕南同学,他是1977年福建省理科数学高考状元,1978年被外文系破格招为研究生。陈燕南是林疑今教授指导的,论文题目是《美国十九世纪的科幻小说》。他英文基础很好,阅读了大量科幻小说。陈燕南运用富有逻辑思维的头脑,把论文组织得结构严谨、条理清晰。在答辩会上,他时而侃侃论述,时而据理力争,受到教授们一致称赞。后来陈燕南同学以数学系的名额赴美留学。

疑今教授指导的另一名研究生是庄燕南,他毕业后,留在本校任教。

经过与会师生的共同努力,历时三天的答辩会结束了。答辩会不仅检查研究生的学习和研究工作,其实也是对外文系教授的教学水平与工作的检阅。

通过对研究生的培养,指导教师之间的关系也进一步密切。蔡丕杰教授有一位亲戚是钢琴演奏家,他录了许多世界名曲的钢琴录音带与大家分享。葛德纯家里种了许多花草,他也带了许多幼苗分给大家去种。黄文鹰老师也将一些兰花名贵品种分给大家栽种。许多教师感到经过"文革"的狂风暴雨,现在风雨过后的彩虹分外美丽,大家都是工人阶级的一员,是革命教师了,心情格外舒畅。

1980 年,日语专业也开始招收研究生,6 名研究生在朱天顺、黄国雄、曾仁寿三位导师指导下,致力于日本语言文学方面的研究。外文系这年共招收 16 名研究生,在全校处于领先地位。

二十六、举办培训班

随着 1979 年中美两国建交,我国在国际的政治地位不断提高,与国际上大多数国家的经济往来不断增加。全国的外语人才极度缺乏,全国高校英语师资更是严重短缺。为此,教育部委托全国 16 所高等院校承担培训英语师资的任务。

厦大外文系从 1980 年开始,为江西、福建两省 20 所高校举办英语师资培训班。为了做好师资培训工作,林疑今主任与李燕棠书记讨论,决定邀请一些外国专家来参加培训。厦大先后邀请了澳大利亚、加拿大和美国专家来外文系任教,培训班实行校教务处和外文系双重领导。一共举办了 6 次培训班,每期半年。参加培训的学员多数是师专英语专业基础课教师,培训目标主要是提高学员的听说读写能力,同时教授一定的语言知识和英语教学方法。

这时候刚改革开放,学员外文基础普遍较差,从未与外国人对话,也没有机会阅读外文小说。一开始上课,大多数学员对外籍教师说的话,只能听懂四五成。课堂上,老师要求每人根据题目,经过5分钟准备,发言3分钟,许多学员只能讲两三句。林疑今主任与系里其他领导给学员许多鼓励,告诉他们坚持下去,曙光就在前头。

所有学员都非常珍惜这次学习机会,他们不仅在课堂上认真听讲,同学间尽量用英语对话,还努力听 VOA、BBC 的广播。三个月后,听力提高很多,上课时师生对话流畅了,来外文系讲学的外籍专家做学术报告,学员们也大致能听懂了。

接下来是提高阅读与写作能力。教师要求学员朗读,许多学员开始只能一个词一个词地朗读,有时还要把全句再重读一遍。5分钟还读不完 250 个单词的文章,读得慢还抓不住要领。同时,学员的写作能力也较差,没接触过各种体裁的文章。在老师的指导下,学员们了解了报道、记叙文、论述文、日记、读书报告等各种文体的差异,掌握了读书报告、记叙文和论述文的基本写法。①

1981 年,疑今等与培训班的外籍教师、部分学生合影

---

① 厦门大学档案馆、厦门大学校史研究室编:《厦门大学校史·第二卷(1949—1991)》,厦门:厦门大学出版社,2006 年。

后面几期的培训班,学员基础较好,每人阅读报纸杂志文章近100篇。有些学员说,这半年比他们读大学时四年阅读的书还多。学员不仅掌握了记叙文、论述文的写作,有的学员还在学习诗的写作方法。

学员觉得在教学方法方面,也有很大的收获。一般中国教师的教学方式是注入式。老师讲、学生听,学习靠死记硬背,死记的东西用不上,也忘得快。外籍老师的教学方法是启发式、讨论式。课堂上,老师是"导演",学员是"演员"。例如听力课,一篇200个单词的材料,外籍教师一方面逐句播放,一方面根据句子内容、语法结构,通过组句、替换、复述等方法,提出几十个问题,让学员边听边说,既锻炼了学员的听说能力,又提高了他们分析问题、解决问题的能力,这样的记忆特别牢固。

当然,在培训过程中也出现过师生产生矛盾的情况。刚开始,一位加拿大来的专家脾气比较急躁。在课堂上布置练习前讲了要求。有的学员没听清楚就做下去,做了一半才发现问题,告诉专家。这位专家很生气,按照他在国外的习惯,收走该学员的练习,还狠狠地批评了一顿,搞得全班同学很紧张。系里李书记、林主任知道了,马上做学员的思想工作,没有按照老师的要求做,责任在我们,严格要求是对的。学员冒雨到教师住处道歉。第二天教师也在班上检讨了昨天态度生硬,密切了师生间的关系。

在培训班任教的6位外国专家都是第一次到中国,他们是带着"看看中国是什么样"的目的来的。因此,除了课堂教学以外,系领导鼓励学员多与外国专家接触。每逢专家过生日或中国的传统节日,系领导李书记都组织学员前往庆祝。此外,还组织师生一起看电影、外出游玩等,增加专家与中国人民接触的机会。师生间建立了深厚的感情,临别时都是依依不舍。

1982 年,校系领导、外国专家与培训班成员合影(以撒提供)

注:前排有黄吉平、李燕棠、林疑今、潘懋元、萧丽娟等人。

　　澳大利亚的米基夫人说:"你们都勤奋好学,我们不但是师生关系,更是朋友关系。"她回国后,陆陆续续给外文系寄赠书籍2000 册。美国的哈里斯小姐回国后,在当地做了一个多月的中国之行巡回报告,在中美人民中间播下友谊的种子。加拿大的瓦特先生说:"我在中国看到社会秩序安定,妇女、儿童生活有保障。人与人之间非常有感情,给我留下深刻印象。你们虽然钱比我们少,但比我们幸福。过一两年,我一定带我的家人来厦门参观。我还愿意来厦大进行义务教学,为你们的'四化'出一份力。"①

　　这个英语师资培训班,1981 年 39 名学员结业,1982 年培训44 名师资,1983 年培训 32 名,三年共 115 名学员结业,圆满完成教育部下达的任务,也收获了友谊与经验。

　　林疑今主任还考虑到新中国成立初,我国一刀切地将中学的英语教学改为俄语教学,十几年后培养了大批中学俄语教师。现

_____

　　①　厦门大学校史编委会:《厦大校史资料·第四辑(1966—1987)》,厦门:厦门大学出版社,1990 年。

143

在又是 180°大转弯,全部改教英语。所以现在,福建省中学英语教师的英语水平也亟待提高,厦大应为福建省提高英语教学水平出力。1980 年和 1981 年暑假,外文系请吴心田老师负责,举办了两期中学英语教师短训班。考虑到当时中学教师的工资水平并不高,培训班只象征性地收一些费用。这个班受到福建省广大中学教师的欢迎,在办班过程中,不断有各地教师来插班。两年先后培训了 300 多名中学教师,对福建省的整体英语教学水平的提高,产生了不可估量的影响。

1980 年代初,国家根据改革开放的需求,在深圳、珠海、厦门和汕头四处设立经济特区。厦门先是在湖里区划定一块 2.5 平方公里的区域为特区,1984 年特区扩大到全岛 130 平方公里。厦门建立特区后,大量外商涌入厦门,对翻译人才的需求日益增长。起初,厦门市外贸单位经常请厦大外文系教师帮忙。后来,厦门市决定请厦大外文系帮忙,为厦门培训一批精通英语和日语的外文人才。1981 年厦大外文系与厦门市进出口办、厦门市劳动局签订《关于厦门市委托厦门大学举办外语班的协议》,拟定招收英语班学员 170 人,日语班学员 30 人。"学习班以学习外语为主,达到学好一门外语,能基本从事对外贸易、中外合资经营及外事等口、笔译工作;同时学习基本经济知识和经济法规,具有从事外贸和中外合资企业管理初步能力。"[①]

双方拟定考试科目:政文(100 分)、外语(100 分)。英语按高一年级的水平命题。但由于招生在有限范围内组织,生源受到限制,无法择优录取,只能从高分到低分依次递降,招满为止。录取学员水平悬殊,文化程度比高考录取的学生偏低。外文系在入学前为这批学员开办了 3 个月的补习班。

---

① 厦门大学校史编委会:《厦大校史资料·第四辑(1966—1987)》,厦门:厦门大学出版社,1990 年。

　　从 1982 年起,厦门市陆续把 200 名年轻人送到厦大,外文系设立培训部,对这批学生进行听、说、读、写、译的训练。在原定的教学计划基础上,增加了党史和哲学课。虽说许多学生基础较差,但多数学生是刻苦学习的。有些学生(20%)经过三年的严格培训,基本上可以同本科生二年级生相比,已能阅读较浅的外文原著。但也有 20% 左右的学生水平偏低。这批学生总的情况是听与读的能力稍好些,而说与写的能力较差。在教师与学生双方的努力下,最后 200 人都合格毕业,在厦门特区的各个外贸领域发挥了骨干作用。

1970 年代末外文系的领导班子(以撒提供)

　　厦门市付给外文系培训费 60 万元。这是 1980 年代初,大家工资普遍比较低。这两年,系里招研究生、办培训班,大家的工作量增加不少,但大家没有怨言,勤勤恳恳地把工作做好。系里开会时,疑今主任提议:拿出十分之一,给全系员工发奖金,用 42 万元为系里添置电教仪器设备,大家一致通过提议。

　　由于"文革"的严重影响,许多青年教师的基础知识与外文水平都有较大缺口,各系科大力开展多种补习班,同时要求学校为这些教师举办外语业余进修班。1978 年春,学校开办了英语进修班初级班和中级班,原计划两个班各接收 50 名学员,但各系教师闻讯后,踊跃要求参加学习,结果初级班增至 105 名(正式学员 40 名,旁听学员 65 名),中级班猛增到 134 名(正式学员 40 名,旁听学员 94 名)。

为了满足广大教师出国留学与进修的需求,学校之后又办了两个英语进修班、一个日语进修班。1980 年、1981 年全校共开办各种外语培训班达 21 个,培训人数达 800 人,使我校教师能很快走向世界,学好外面先进的科技文化,回来报效祖国。

外文系一方面为全校办培训班,另一方面指派老教师为本系10 名年轻教师上课,提高他们的教学水平。1982 年,外文系青年教师姚远参加《外国语》《译林》举办的译文竞赛,力克群雄,在5000 名青年译者中,名列二等奖首位(一等奖空缺)。

外文系老教师合影(以撒提供)

注:前排有芮鹤九、郑翼堂、葛德纯、林疑今、蔡玊杰、陈福生、柯秀英、刘贤彬等人。

　　1981 年夏天,厦门大学在五老峰半山上,盖起了 18 套凌峰宿舍,主要用于解决落实政策的教授住房问题。这是经历了十年"文革"动乱后,学校第一次盖家属宿舍。学校将林疑今教授的住房需求排在前几位考虑的。但要解决住房问题的教授,何止 18 人。"文革"时,许多教授被红卫兵从敬贤楼赶出来,直接赶到没有卫生间的芙蓉三单身宿舍。教授们年纪大了,每天上厕所都是问题,夏天洗澡更是困难。因此,总务处校产科负责人找林疑今教授谈话,说:"林先生,你们家虽然住房也紧张,但毕竟是住套房,厨卫设备齐全,能否让住在单身宿舍的××先生先搬,下次你们再搬?"疑今觉得领导都开口了,人家更困难,他可以让一让,就同意了。

　　父亲回家一说,孩子们都不乐意了。因为西村(七)住房虽有三房,但两房各有 12 平方米,而一间小房,只有 4 平方米,仅能搭一张单人床。现在家里三个子女都回到厦门,也都三十几岁成家了,家里大人小孩有九口,要挤在这样的小套房内,实在困难:老夫妇与一个孩子挤在一间大房,晚上孩子还要打地铺;儿子、媳妇与双胞胎孙子一家四口挤在一间大房,另一个孩子夫妇塞在小房间。

　　孩子们说:"我们自己去找校产科的人员反映。"那天晚上,疑今三个子女,还抱着两个孩子一起去校产科。校产科人员看了,得知林老不止一人在厦大工作,两个子女也在厦大工作。他们也觉得一套房要住这么多人,早上卫生间都不够用,确实有困难。林老师体谅他们的困难,他们也要体谅人家的困难,可以搞一间补充住房。但西村(七)离单身宿舍较远,而在本楼倒有一套住房,在一楼角落。若年老体弱的老夫妇去住,还怕不安全,就安排给林老师家,一个子女随林老师住,两个子女住楼下。孩子们很高兴,觉得解决了大问题,也给校产科提供了解决问题的思路:学校里大套房很稀缺,对一些大家庭,可提供小套补充住房。

　　1984 年暑假,宝璟夫妇从上海到厦门来看望大哥大嫂一家。

以前来厦门匆匆忙忙,这次时间比较宽裕,可以在厦门游玩一段时间。大哥的儿子有了一对双胞胎孩子,现已四五岁,另一个小外孙只有两岁多,三个孩子在家里来回奔跑,玩成一团,十分可爱。

宝璪夫妇来厦门探望大哥一家(以撒提供)

孩子们先陪宝璪夫妇在厦大校园里走走,陈嘉庚时期建筑的群贤楼群,楼身由花岗岩石料砌成,楼顶是中式起翘屋顶,表达了陈嘉庚的理想:中国一定要屹立于世界民族之林。左边第一栋囊萤楼,长期是外文系教学楼,父亲玉霖与大哥疑今长期在这儿工作;后来又来到五十年代兴建的大礼堂楼群,这里地势较高,五座大楼一字排开,从海上看厦大,最先看到这几栋楼。从这里看大海,也是风景绝佳。

过几天,孩子陪宝璪夫妇再到鼓浪屿、植物园等地游玩。

从厦门轮渡码头,向西南方向望去,隔着几百米的厦鼓海峡,就是风景秀丽的鼓浪屿,抗击倭寇的英雄郑成功的巨型雕像就屹立在岛上。鼓浪屿的主要景点有日光岩与菽庄花园。日光岩是龙头山的峰顶,从日光寺后面沿石阶上山,半山腰处是郑成功当年训练水师的水操台遗址,现仅存一段城墙。继续往上登山,在巨石上有"天风海涛""鼓浪洞天""鹭江第一"等巨型石刻。宝璂从小有病,腿脚不方便,日光岩只能遥望而已,主要游菽庄花园。

宝璂夫妇在鼓浪屿(以撒提供)

菽庄花园原是台湾富商林菽庄的私家园林。甲午战争后,他从台湾回到厦门,建了这个花园。抗战时,园主离开厦门,花园荒芜。新中国成立后,园主亲属将花园献给国家。政府拨款重修,焕然一新。林家一群人走进拱门,向右一拐,即面对辽阔的大海。经过花廊和鱼池,就是百余米的四十四桥,桥从亭畔入海,曲折玲珑。涨潮时桥下碧波荡漾,退潮时桥下露出一片片海滩。桥上有观鱼亭、度月亭等。水波中有两块巨石相叠,刻着"枕流"两个大字。从曲桥上岸后,这里有爱国华侨胡友义捐献的钢琴博物馆。宝璂也是钢琴爱好者,值班人员为参观者演奏了一曲《鼓浪屿之波》。

二十七、争取建博学楼

随着中国改革开放的步伐越迈越大,外文系招收的学生数逐年增多。教学的语种从以前只有英语,发展为英、日、俄、法四个语种。外文系教师除了承担大量教学任务外,还有大量培训任务,教学空间十分狭窄,只能在囊萤楼,最多安排一些课在同安楼。八十年代初,学校里化学系原在大礼堂边的三层大楼成义楼,最近听说在囊萤楼后边又要盖起一座占地几千平方米的五层高楼。相比之下,外文系师生要求改善教学条件的呼声愈加迫切。疑今作为系领导,深有同感。

这些事,原来李燕棠书记可以找学校协调,但当时教育部派出大量留学生赴外攻读学位、进修,急需外语水平高的领导干部出任我国驻外使馆教育参赞,负责管理大量出国留学生,这样的人才十分缺乏,李燕棠书记能说流利的英语,又有丰富的高等院校管理经验,1981 年被国家派往意大利出任大使馆一秘、教育参赞。李书记一到国外,马上能单独驾车到各地看望留学生。后来他又被调往英国使馆,这里有更多留学生,他的英语交流才能与教学管理水平得到充分发挥。

在学校召开的中层干部会上,外文系主任林疑今就提出:外文系学生逐年增多,教学任务繁重,不仅有本系的教学任务,还承担了大量培训任务。全系学生学习、住宿都在囊萤楼,急需改善教学空间,希望学校为外文系盖一座新教学楼。当天的会议议程本来没有这个内容,校领导也没有任何思想准备,所以就一口回绝了疑今的这个要求。疑今老师十分气愤,他拉着系副主任刘贤彬,要在中途退场,以示抗议。刘老师说:"我们从后面退场就可以了。"疑今说:"不行,我们要从前面,当着所有人的面走出去,不然他们就不重视。"

1980 年代初,李燕棠调往外事部,外文系教师合影留念(以撒提供)

注:前排有曾淑萆、陈世民、蔡玉杰、徐元度、李燕棠、林疑今、刘贤彬、刘珍馨、崔盈达、林纪熹等人。

看到这样,会后田昭武校长与未力工副书记商量,决定调查外文系的教学空间问题。当时学校基建经费也十分紧张,许多教师都住在学生单身宿舍,急需建造教师住宅。但外文系空间也确实十分拥挤。"文革"前,五十年代外文系每年只招生三四十人,六十年代逐步扩招到六七十人,现在每届英、日、俄、法四个语种本科生就有一百多人,还有研究生、委培生,一个系目前在校学生七八百,是以前的四五倍,空间当然紧张。

后来,在校领导会议上,未书记说:"外文系用房确实困难,这些事以前是李燕棠在负责,燕棠一走,还没给他们派人。老林这个人也实在,但事前没有跟我们打招呼。前一阵学校分配凌峰宿舍18 套教授住宅,本有老林一套,后来有位教授困难很大,校产科找老林商量,老林二话没说,就让出教授房名额了。外文系公共用房困难,老林却忍不住了。"田校长说,"老林反映的情况属实,外文系住房确实困难,人多、课多、教室少",田校长接着说:"李燕棠真是难得的人才啊,英语这么好,又懂高校学生管理。全国都找不出几个,国家在关键时刻把他调到外事口了。"未书记说:"这是我们学校的骄傲,我们局部要服从全局。"

此后,校务会议专题讨论了外文系的用房问题,学校决定为外文系盖一座大楼,并要他们提供具体的需求,还介绍了化学系蔡启瑞教授团队,该团队承担国家重点科研项目,国家专门拨款为项目建新楼,同时有人员编制下达。

早在六十年代初,外文系就设立了一个小录音室,到了1975年成立电教室。在经费十分紧张的情况下,每个班有一台笨重的旧式录音机。学生住在囊萤楼,上课也在囊萤楼,平时播放英语广播,强化外语学习氛围,使学生的听说能力大大提高。

经过一年多的努力,博学二出现在芙蓉湖边,正是现在科艺中心所在地。教学楼外是一排笔直、高耸的椰子树,椰子树下有一尊红色雕塑。教学楼前面还有一片芙蓉湖。全系师生都十分高兴。

外文系教师在新楼前合影(以撒提供)

注:前排有黄希哲、刘贤彬、林疑今、陈福生夫妇、吴心田、陈世民、林纪熹等人。

博学二整栋建筑由三个部分组成：外文楼、博学报告厅和公共教室。外文楼有五层。主体部分从一层到四层，分别是各个年级的学生教室。五层是专用的电教室，有两间还配有先进的语音设备实验室。全系的听力课、试听说和口语课在这里上。因考虑音响效果，教室铺软木地板，进入要换拖鞋。

报告厅是开全系大会、可供同声翻译做学术报告的地方。旁边地下的录音室可供制作各种外语材料。侧楼是外文系各教研室的办公室。公共教室主要是安排外系的外语课。

以前外文系学生从上课到自习，再到休息、睡觉都在囊萤楼。现在上课、活动在博学二，休息则在囊萤楼，学习、生活空间增加了好几倍。

外文系学生因为有固定教室，不用到公共教室去与别系同学争位置；可以在教室里用当时稀罕的录音机听外语磁带；可以在学习之余，互相交流、谈古论今……博学二承载了外文学子的无限记忆，这里的日日夜夜，见证了无数外文学子的成长历程。

博学楼的建成既代表社会对外文学科的需要和期望，也代表了学校对外文学科的重视与支持。

疑今在系座谈会上发言

二十八、建设教学与科研"两个中心"

十一届三中全会后,学校贯彻会议精神,要把工作重点转移到社会主义现代化建设上来。厦门大学已从省管学校恢复为国家直属高校,现在是进一步建设国家重点学校,应在党的教育方针指引下,把学校办成既是教育中心,又是科研中心;既出建设人才,还要出科研成果的综合机构。其他工作,包括政治思想工作、组织工作、后勤工作、基建工作,都要为教学和科研两个中心服务①。

外文系首先抓基础课建设,安排一些老教师上基础课。如葛德纯教授讲授"英语语言学",林纪熹老师讲"英语语音学",林疑今自己为学生开设"英美文学史"。此外,还配备一些中年教师参加辅导,准备以后接班讲课。同时鼓励教师把基础课教学内容编写为教材。系领导也抽空到各年级听课,既检查教师教学的情况,也了解学生学习的情况,努力争取教学相长。其次是多开一些选修课,一些高年级学生,也可以选修研究生的课程。

为了调动学生的学习积极性,系里对基础较好的学生特殊处理。外文系对刚入学的 1977 级学生,经过严格测试,批准 9 人跳级学习,其中 2 人同年考取英语专业研究生。经过一段时间的教学努力,外文系英语专业,从 1990 年到 1992 年连续三年参加全国英语四级统考和八级统考,每次统考成绩都远远高于全国平均分数②。

科研方面,1978 年学校批准外文系成立英美语言和英美文学

---

① 厦门大学档案馆、厦门大学校史研究室编:《厦门大学校史·第二卷(1949—1991)》,厦门:厦门大学出版社,2006 年。

② 林郁如主编:《厦门大学外文系系志》,内部资料,厦门,1993 年。

两个研究室。外文系还举行了多次科学讨论会、学术报告会。林疑今上任后,就邀请山东大学黄嘉德教授(闽南老乡)、复旦大学杨岂深教授和著名翻译家草婴、戈宝权等来厦讲学、做学术报告。此外,外文系又承办了多次全国性的学术会议,如1983年的全国屠格涅夫逝世一百周年纪念学术会议、1984年法国文学研究会、1986年全国海明威学术讨论会。

1980 年代初,外文系老教师合影(以撒提供)

注:左起依次为芮鹤九、郑翼堂、葛德纯、林疑今、蔡丕杰、陈福生、刘珍馨、黄吉平、巫维衔。

1978年,陈福生出任福建省外国语文学会会长,刘贤彬任副会长,林疑今、徐元度、葛德纯、蔡丕杰等任理事。1985年,林疑今任会长,刘贤彬任副会长,巫维贤、吴心田等任理事。

1980年,刘贤彬出任高校外语教材编审会委员;1986年,涂淦和、董德林出任教材编审会委员。

1984年,林疑今出任中国外国文学学会理事,1986年出任中国翻译工作者协会名誉理事。1985年,林疑今出任福建省外国语文学会会长,刘贤彬任副会长、许连赞任秘书长。

1984 年,陈福生出任福建省翻译工作者协会副会长;1986 年,巫维衔、芮鹤九任常务理事。1987 年,林疑今出任福建省比较文学学会会长,陈敦全任秘书长。①

同时,外文系积极开展国际学术交流。1986 年,杨仁敬老师作为中国的唯一代表,到意大利出席了海明威第二届国际学术会议,在会上宣读了《三十年代以来中国对海明威作品的翻译与研究》论文,受到国外学者的重视和赞扬。陈敦全老师 1986 年在美国交流期间,应邀出席美国比较文学学会在密歇根大学举行的第九届学术讨论会,做了名为《比较文学在中国成为一门学科》的报告,受到参会者的关注与好评。

八十年代,外文系的文学翻译工作风起云涌。不仅有老一代翻译家徐元度的《鲁滨孙漂流记》、林疑今的《永别了,武器》一版再版,还有中青年教师陈开种、唐冰湖等译的《非洲现代文学(东非与南非)》在外国文学出版社出版,陈敦全、杨汉保译的《众神之车》在新华出版社出版,黄国雄等译《恶魔的盛宴》、黄训经等译的《爱决斗的人》在福建人民出版社出版。

另外,还有芮鹤九翻译了《卓别林评传》,巫维衔等翻译了《鸟岛探奇》,杨仁敬翻译了《紫色》,刘凯芳等译了《克兰弗镇》,纪太平等译了《新婚家庭》,俄语教研室翻译了《第二次世界大战史(第三卷)》。

还有教师将教学经验总结为专著出版,如葛德纯教授的《英语语音基本功》,林纪熹教授的《英语形似句辩异》,林郁如等教授的《新编英语口语教程》等②。

---

① 林郁如主编:《厦门大学外文系系志》,内部资料,厦门,1993 年。

② 厦门大学校史编委会编:《厦门大学院系馆所简史(1921—1987)》,厦门:厦门大学出版社,1990 年。

新老交接（以撒提供）

注：左起依次为林郁如、刘贤彬、林疑今、杨仁敬。

这两年，老翻译家也有新作，林疑今译了《朱诺与孔雀》《奥凯西戏剧选》《拍卖第四十九批》，徐元度等译了《西班牙小景》，吴宣豪译了《未来的冲击》，巫维衔译了《上层的空位》。青年教师刘凯芳为福建美术出版社的《宋庆龄》《王昭君》《苏武和李陵》等绘本做汉译英。

疑今老师在书房看书备课（以撒提供）

　　疑今的六弟宝爵,50 年代末从上海到湖南湘潭,去支援内地医疗建设,在那里度过了困难时期。60 年代中期,他一家调回苏州。宝爵在苏州医学院任教,并在苏州市第一人民医院看病。

六弟宝爵、六弟媳柳庄与两个女儿在湖南湘潭

(摄于 1965 年,林琬提供)

疑今的六弟宝爵和弟妹柳庄(1980 年)

　　人们说世界上最好的职业是医生和教师。教师,传道、授业、解惑也。用现代语言讲,是培养革命接班人,耗时、费心,还责任重大,但教师有一个最大的好处,就是每年有寒暑假,可以放松、休息一下。七妹宝璎也常用暑假到厦门大哥家小住一段。厦门天气温和,风景更好。

　　医生十分受人尊敬,但工作中要长期接触病人、病菌。而中国医生与医院在全国人口中又占比偏低,大部分医生,特别是大城市好医院的著名医生,都处在超负荷工作状态。六弟宝爵就处在这种情况中,他后来专攻血液学,成为这方面的专家,经常到全国各地出差,都是应人邀请出诊去看病人,有一次也来了厦门,但是也没有时间到大哥家坐一坐,或吃顿饭。

　　1984年,暑假过半,疑今小女儿梦如一家出现问题。小女婿爱好运动,夏天下班后,他经常去海滨游泳。当时,厦大海滨宿舍的排污管只是伸到海里边,没有做污水处理,真是害人又害己。那段时间,厦大教职员工与家属,不少人查出感染急性肝炎。梦如夫妻也感染了肝炎,梦如住在厦大医院的隔离病房,女婿不在厦大工作,还要住到厦门中山医院的隔离病房。

　　这段时间,每天早上云轩就去菜市场买上全家一天的食材,还要为两个病人买营养餐的食材。回家后赶快处理这些食材,做好两份营养餐。云轩先把营养餐送到厦大医院隔离病房给梦如,再赶回来为全家做午饭。

　　疑今则提着给女婿的营养餐乘上公交车到中山医院隔离病房。一日又一日,一周又一周。这时正值8月份盛夏,疑今已是七旬老人,每天送餐都热得大汗淋漓。遇到雷阵雨,即使带雨具,还是被淋得衣服全湿。医院的医生看到老人天天来送餐,就对小女婿说:"你父亲还真疼你。"女婿回答:"我家老人不在了,这是我岳父。他是厦大外文系主任,现在正好是暑假,他才有空来给我送

159

餐。我岳母给我妻子送餐,她在厦大医院住隔离病房。"医生听了,甚为感叹,对小女婿说:"你以后要好好孝顺老人。"

1984 年的中秋,对全家人来说都是难忘的。家里有三个人住院。除了小女儿、小女婿因病住在隔离病房外,大女儿刚生孩子,住在第一医院产房。父母亲怕交叉感染也不敢去探望。

疑今在家看资料(以撒提供)

80 年代国门打开后,许多学生、年轻教师都热切盼望到国外留学深造。每年大学生毕业时期,有许多学生找林老师写推荐信。开始时,疑今就把一些学生介绍给他以前在交通大学、沪江大学等校教书时认识的外国教师,或者现在在外国任教的老同学。后来找林老师写推荐信的学生实在太多了,疑今就将美国全国与各州比较出名的大学,一一列出:

Brown University　布朗大学

The University of Chicago　芝加哥大学

Columbia University　哥伦比亚大学

University of Pennsylvania　宾夕法尼亚大学

Cornell University　康奈尔大学

Duke University　杜克大学

Georgetown University　乔治城大学

Northwestern University　西北大学

Rice University　莱斯大学

Boston University　波士顿大学

University of Rochester　罗切斯特大学

University of Virginia　弗吉尼亚大学

University of Florida　佛罗里达大学

University of Maryland　马里兰大学

……

疑今把名单给学生挑选。他写了推荐信,很快就接到外国高校的答复,也都能将学生送出去。一些年轻教师也积极争取到国外进修,如杨仁敬等教师到美国进修,也有些教师联系去攻读学位。

在国家教委和国外友好人士的支持下,从 1982 年起,厦门大学先后与法国尼斯大学、加拿大达尔豪西大学签订了三年的合作协议;1983 年、1985 年分别与荷兰莱顿大学、美国威拉姆特大学签订了两校学术合作关系协议。

美国加利福尼亚州立大学是一所综合性的公立大学,师资力量雄厚,各方面条件也比较优越,1988 年初,厦门大学与该校达成合作协议。同年还与荷兰阿姆斯特丹大学、美国俄勒冈大学等签订了学术交流协议。

至 1990 年底,厦门大学已同世界 9 个国家和地区的 26 所大学建立了校际合作关系:互派留学生和进修教师、互相邀请学者讲学、进行学术交流、在有关领域开展合作研究、交流图书资料等。

随着中国国门越开越大,国外一些大学也主动联系厦门大学外文系,愿意为中国培养语言人才。疑今老师召开系领导会议,讨论这些公派名额的分配。首先考虑中青年教师,如瞿国文、连淑能、骆世平等。系里将他们送到国外一流的语言大学,如哥伦比亚大学文学院、加利福尼亚州立大学等。

这些教师也非常珍惜公派留学的机会,在国外多听课,多参加各种活动,了解美国大学的办学方式、学术研究的情况。到了归国期限,准时回来,向系领导汇报在国外的收获,在外文系的教学和科研中发挥了很好的作用。有的教师,如瞿国文等,在国外也有许多亲戚,本可以留在国外,但他想到祖国对他的培养,想到外文系对他们这一批中青年教师的期望,就如期回到厦大,成为外文系教学中的骨干力量。

第七章

老骥伏枥

二十九、人生易老天难老

疑今家里兄弟共六人。早在1970年代,在美国纽约银行工作的二弟宝鼎(国荣),就因患心脏病进行手术治疗。第一次没治好,第二次再做手术,因手术失败而去世,年仅六十出头。二弟媳鹏侠十分难过。平时她在纽约电视台主持烹饪节目,1978年,刚好中美建交,她随美国访华团出任翻译,才得以回国探亲。疑今小时候,经常与二弟一起看父亲玉霖从学校带回来的外文画报、书刊,带着二弟在三义坊弄堂里奔跑、游戏。抗战时(1943年)五叔语堂回国,带二弟出国赴美留学,疑今与二

二弟林国荣
(宝鼎,1914—1975)

弟在重庆一别竟成永别。困难时期,多亏二弟汇款、寄物,孩子们才能健康成长。手足之情,刻骨铭心,难以忘怀。

1978 年,二弟妹鹏侠回国(梦海提供)

注:前排左起依次为宝璟、云轩、鹏侠、佩云(四弟妹),后排为妹夫学青、疑今、四弟宝镛及侄儿侄女。

1980 年代初,疑今又接到五弟宝彝因病去世的消息,心里十分难受。六个兄弟,除了三弟在抗战中因患上肺结核,无药可治而去世,其余兄弟都长大成人。四弟宝镛虽也染上肺病,好在已有新药治疗,大学期间读读书、治治病,前前后后读了整十年。宝镛大学(外文系)毕业后,先在南京工作,跟着老干部彭冲(漳州老乡)做口译,中年时期转到学校教学。

宝彝大学毕业后,一直在苏州工作。他与疑今一样,从小跟着父亲在厦门上学,抗战时到江西读大学。宝彝为人热情好客,每有亲戚朋友到苏州,他都是最好的导游。先是带着游市里的拙政园、狮子林景点,再品尝观前街的各种美味小吃,最后带到郊外的虎丘、木渎古镇等地游玩。

大女儿梦海在山东工作时,有时回家探亲经过苏州,都会受到五叔的热情接待。有一天,父亲告诉她五叔去世了,她觉得很震

五弟宝彝、五弟妹守身与他们的三个子女恩临、恩惠、恩溢（1970年代）

撼，这么有活力的人，怎么说走就走？父亲还告诉她，听到这消息，他昨晚做梦，不仅梦见五叔，还梦见四叔也走了。果然，没几天，父亲又接到四叔去世的消息。

1970年代，七妹宝璩与四弟宝铺、四弟妹佩云及孩子们（梦海提供）

165

　　现在疑今的兄弟姐妹,只剩下一个弟弟宝爵和一个妹妹宝璨了。

　　1984 年秋季,疑今考虑到自己已七十多岁,外文系还有许多年富力强的中年业务骨干,就提出让位,自己可以为年轻教师做坚强后盾。

疑今夫妇与子女、孙儿(摄于 1986 年,以撒提供)

疑今的学生及家人来看望老师与师母(以撒提供)

当时疑今一家住在西村（七），这是 1960 年代初建的一栋三层家属楼，正对着旧西村的六栋小楼。它有五个门洞，每个门洞有六家，疑今家住在中间门洞 206 室。对门住的原是数学系杨老师，后来换了图书馆的李书记，再后还换了历史系的韩老师。而三楼邻居则是数学系的林坚冰教授，他从苏联留学回来，与同为留学生的妻子结婚时，还是周总理给他们证的婚。他早年还做过数学家陈景润的班主任，有一年校庆，陈景润来西村三楼看望他的班主任。林老师的岳母帮他们做家务，有时与云轩聊天。她说走过云轩家，听到里面喧闹的说话声、谈笑声，就十分羡慕。因她家里两位都忙于业务，很少在家，家里总是静悄悄的。三楼另外一家是外文系的林纪熹教授，与林则徐有亲戚关系，他与疑今是二度同事（早年在重庆时，同在中央银行经济处工作）。他的妻子阿刘在图书馆工作。

林家楼下（106 室）是经济系龙唯一教授一家，他的妻子朱老师是厦门五中老师。大儿子数学很好，后来也在经济系教书。他的小女儿后来当法官。"文革"后期，一些教师被安排下放，朱老师也被下放，有的孩子在外地工作，有的孩子是知青，下乡插队，家里只有龙教授一人留在厦门。一天，龙教授心脏病突发，无人在身边，就这样走了，十分可惜。他的对门是化学系林仲柔副书记。

右边第二个门洞一楼（107 室），"文革"中是张玉霖副校长与朱红一家居住。厦大校长王亚南长期在上海搞翻译，张玉霖是负责实际工作的厦大校长，负责学校日常事务。他们原住在大南新村那边的卧云山庄，"文革"中才搬来这里住。张校长是老革命，早年从燕京大学毕业后，走上革命道路。解放战争时期是太行山革命根据地的负责人。新中国成立初带领南下工作团来厦大主持工作。在厦大主管校务时，处理问题全盘考虑、果断得力，做报告深入浅出、切中要害，深得教授、学生的拥戴。但"文革"中，他被红卫兵打得最厉害。"文革"结束后，中央调他到北京，主管海洋局工作。

167

　　二楼(208室)住的是中文系许怀中教授,他年轻时还兼任《厦门日报》副刊《海燕》的编辑。他曾任福建省宣传部副部长,退休后回厦门还住在这里。80年代后期,中文系情况复杂,教师职称评定争议较大,学校让他与疑今老师都参加中文系教师的职称评定。后来,疑今家里就经常有中文系的教师来介绍自己的工作。许怀中老师也参加这一评定,两人经常结伴一起走。三楼有一家是外文系的连淑能老师,他的妻子是演武小学的蔡校长。

　　东边第一门洞101室原来住的是经济系林祖光老师一家,他搬走后疑今的两个孩子和家属搬进去住。对门是新闻传播系的朱月昌老师,他是从上海来的,与疑今儿子以撒很谈得来。二楼住的是外文系俄语专业陈老师,他的妻子万老师在双十中学教书。三楼曾住过王亚南校长的遗孀和王洛林副校长,还有经济系李维三书记(后来任学校宣传部部长、党委副书记)。

疑今夫妇在鼓浪屿菽庄花园

　　1970年代,厦门全市供水都很困难,特别是厦大。厦大处于整个厦门市供水的末端,每天早上只有半小时供水,西村六栋小楼与西村(七)的居民,无论是大干部,还是老教师,都要在一楼外排队接水。有的人家是全家出动,孩子排队、大人提水;有的是年轻人挑着扁担来接水。大部分人家用水桶接水提到楼上房里,饮用水放在桶内备用,洗涮水就存在浴缸里。学校里学生也都每人要准备一个大水桶,早上接了水,一直用到晚上。这样接来的水,质量还很差,喝起来发苦。这种情况在秋冬季节还过得去,夏天就非常痛苦。学校里还有些古井,有些年轻人就打古井的水来冲澡。直到 80 年代,专门修建了从漳州到厦门的供水系统,这一困难才得到彻底解决。

1989 年 9 月,是疑今和云轩结婚五十年金婚纪念日。家里先请杨牧师做了一个家庭感恩礼拜,全家儿女和孙辈济济一堂。当年的伴娘锦彩与丈夫廖永廉医生也应邀出席。

这 50 年遇到一个又一个难关,但是终于都过来了,今天要感恩。

金婚宴上,当年的新郎疑今、新娘云轩和伴娘锦彩向来宾敬酒(**1989 年**,以撒摄)

全家在鼓浪屿游玩(1990年,梦海摄)

三十、培养研究生

疑今老师给研究生上翻译课,但关于上课的情形,讲者已仙逝,听者也散居世界各地,现只能取《当代文学翻译百家谈》①中,林疑今写的一篇短文《谈翻译》与读者分享:

谈翻译

我于二十年代末年,由于偶然机会开始介绍翻译外国文学作品。当时人在上海虹口一家教会中学读书,英文程度低,文化知识面狭窄,理解能力差,平时只能啃啃欧洲文学作品译成英文的书籍,因为文学原著的句子结构、语法疑难、成语俚语等等,英译者已加以简化。我早年尝试翻译,便是选择这种比较容易的对象。尽管如此还是遭遇不少困难,犯了不少错误。先谈理解,后谈表达。

---

① 王寿兰编:《当代文学翻译百家谈》,北京:北京大学出版社,1989年。

林疑今、杨仁敬老师与研究生在一起（摄于 1990 年，以撒提供）

理解方面，要避免错误，不外是勤于查考各种工具书，遇有难点，多多向人家讨教，然后根据上下文再三反复推敲。例如《西部前线平静无事》最后一章，主人公在战场上中了敌军所放的毒气，生命奄奄一息，来了这么一个短句："longing for the blood"，按照字面意思，译成"渴望报仇"，以血还血，不无道理，但是向人家讨教，指出 blood 这一词也含有血亲的意思，如果改为"渴望见见亲属"，似乎较为妥帖。

一个人对于自己的认识，特别在年轻时代，往往是远远不足的，到了老年才能体会到"人贵有自知之明"。早年翻译错误不少是由于自以为是，误解曲解原著的意思，自己还不知道，因而不多查工具书，又不向人家讨教。例如海明威《永别了，武器》的第三十七章，描写主角亨利在大风雨的黑夜里，同爱人划船越过日内瓦湖，潜逃瑞士。海明威描画亨利在日内瓦湖上拼命划船，来了"Then I began to catch crabs"一句。译时一疏忽，可能译成"开始捉螃蟹",其实是一桨一桨没有划好,或是桨桨划空,乱划一阵。

最后谈谈表达。文学翻译是艺术上再创作的活动,少有止境。译者工作时正像演员进入角色,表演传达人物思想感情。海明威是位非常讲究语言文字的大作家,文章表面上好像容易理解,其实意在言外,含意至深。作家又喜欢寓情于物,雨、雪、雾、高山、平原、溪流等往往用作象征,制造气氛,几乎字字有感情。再举《永别了,武器》为例,故事主角亨利于卷三末告别了战争(武器),跳进大河,如受浸礼,重新做人;卷五末,爱人死于难产,他向爱人遗体告别,万念俱灰,绝望悲痛到了麻木不仁的状态,接着是全书的最后一句:"…… and walked back to my hotel in the rain."初版译文是"冒着雨走回客栈"。现在事经四十余年,重读原著,觉得如果改为"就在雨中走回旅店",好像更为确切。

我从事文学翻译,虽然已有五十多年了,但很少有系统的理论探讨学习,所以谈不出什么大道理来。现在只讲这么一点体会,希望对年轻人有所帮助。总起来,文学翻译是艺术上的再创造。比方说译诗,译者最好本人就是诗人,就是说,译者的思想感情,至少要接近原著,对于原著有深挚的热爱,热爱到非译出来不可的程度,因为只有热爱,才对原著有深入的真正的理解。有时为了真正读懂一行诗,往往对于诗人的全部著作(包括日记、书札等等)都得好好读一遍。在翻译过程中,除反复查考工具书及参考书外,需反复朗读,结合本国诗歌传统及语法修辞特点,反复推敲修改。我还认为,译诗的译者应该是诗人,并且在风格上早就有点相近,早有一定的默契,否则难于传真。

90年代,中国进入改革开放的大潮,毕业后要干什么,是许多学生在考虑的问题。疑今老师一次到博学楼给研究生上课,学生正在讨论"学文学要干什么",有一个女生就此向老师发问,林疑今老师经片刻沉吟后，平静地回答说："文学，教导我们人生的判断；教导我们，Life is a compromise。"①

compromise，这个源于拉丁文、产生于15世纪的英文单词，原意是"mutual promise to abide by an arbiter's decision"，即相互承诺遵从仲裁者的决定。林老师简单的两句话，讲出了他对文学和人生的感悟："文学教导我们人生的判断，而人生是一份辞让、妥协。"一群研究生听后，顿时哑口无言，似乎是陷入沉思，其实是一时明白不过来。

先生这两句汉语、英语句式都简单的话，使一群二十出头的学生当时听后愕然。先生对学生提问所引发的感悟，不知不觉成为过去三十年沉淀下来的箴言警句，刻骨铭心，学生时常与家人、朋友、学生等分享。

这一段对话，似乎在隐秘地提示当时每一个学生的内心：文学的功用，尤其是英美文学的功用，虽然现在未必明白，但深入其中，热爱它，必定有其独异的价值，等候我们去发现。而发现的过程或许要一生之久。

先生上课，带领学生读着《诺顿文学选》里某部作品中某段话时，会触景生情，突然哽咽，停顿半响。学生印象最深刻的一次是，当老师读霍桑《红字》中女主角海斯特在刑台受审之时，那段描写使老人家近乎哽咽、老泪纵横、无以卒读……上课时先生的动情，让学生们震慑；先生的苦楚，学生们却难以测知。

"Life is a compromise。"人生是一份辞让、妥协——先生才得以肉体、心智健全地活着，传授他的文学，教导他的学生；人生是一份辞让、妥协——先生这一生，却为着体会文学教会他的这种判

① 苏欲晓：《师者|林疑今：人生是一份辞让》，网址：news.xmu.edu.cn/info/1048/52348.htm。

173

断,付出多少代价,历经多少沧桑!

疑今老师与研究生聊天

　　小女儿梦如在图书馆工作,她看到父亲年逾古稀,还三天两头往图书馆跑,十分不解。她问父亲:"你教了这么多年书,不是讲文学史就是教翻译,教了几十遍,现在开口就能上课,还要辛辛苦苦备课干吗?"父亲告诉她:"历史就像一座山,哪年哪月发生了什么事是不会改变的,只是不同时代,犹如从不同角度看这座山,观感不一样。但是一个民族的语言就像一条河,经过不同的时代,就像河水流经不同地形,它都在发生变化。

　　"不要说英语,就说汉语,从文言文到白话文,变化多大?1950年代的白话文,还夹杂着一些文言文的痕迹。现在的白话文,口语化倾向越来越厉害。文学更是与人群的社会活动密切相关的。世界变化很大,反映在文学中的内容更是丰富多彩。

　　"所谓纯正的英国英语,指的是伦敦音,乡村讲的英语就与它相差很大,更不要提英格兰与苏格兰、爱尔兰的差别。美国英语的变化更大,美国是个移民国家,刚开始是欧洲移民比较多,现在亚洲裔、非洲裔移民增多，也会影响它的语言。

"现在学校经费比较充足，购买了许多新书，我看得快，看了告诉学生来看。要不断地学、不断地看，才能跟上形势的发展，走在研究的前列。"

疑今与云轩坐在博学二楼前

疑今老师与妻子云轩在校园散步后，经常到博学二楼前坐坐。这几年厦门的变化也很大，原来只有鹰厦线一条铁路通往上海，后来厦门民用机场开通，到上海、北京就十分方便。一些老朋友退休后，也来厦门探望他们。

当年龙佩雯老师在沪江大学教书时，曾任疑今老师的助教，以后又一起调往复旦大学外文系。疑今老师因被划为"右派"，离开了复旦。多年后，龙老师当上复旦外文系书记。退休后，龙老师特地从上海来厦门，探望林老师。他们回忆起在沪江大学的时光，龙老师还介绍了沪江大学后来建成上海机械学院，近年又加入了一些力量，成为上海理工大学。另一位助教董亚芬也发展得很好，她

175

主编的《大学英语》，被高教部定为全国通用教材，常年再版，全国英语四六级考试内容，就是根据此教材制定的。

沪江大学时的助教、后任复旦大学外文系书记的龙佩雯，退休后来看望林老师（以撒提供）

1980年代中期，疑今夫妇在厦门植物园

疑今从系主任任上退下来,但还在为研究生上课、指导论文。他除了经常上图书馆看书、借书外,也喜欢看电影。80 年代,改革开放的步伐越迈越大,许多外国影片翻译到中国来,还有许多原版片。厦大礼堂每周末都放电影,疑今老师几乎每场必到。他早期翻译的小说,许多都拍成电影。如雷马克写的《西部前线平静无事》,1930 年美国好莱坞将这部德国战争小说拍成电影,70 年代美国再拍了一次。最近(2022 年),德国自己将它再拍成电影,对战争的描绘更加真实、残酷。而美国作家海明威的《永别了,武器》先后两度被拍成电影。苏联作家卡萨凯维奇著的《奥德河上的春天》,是一部描写苏联红军在朱可夫领导下,与乌克兰第一方面军协同,攻克柏林,逼迫希特勒自杀、德国投降的故事。根据此书拍摄的电影《攻克柏林》在全球放映,真实地体现了光明如何战胜黑暗、人民如何战胜一小撮战争分子的历史事实。

疑今觉得书籍是一种艺术表现形式,电影又是一种表现形式。他也很喜欢电影的表现形式。

梦如经常陪父亲去看电影。有一天晚上,放映的是舞台剧拍成的电影《补锅》。由于这是舞台剧,还是地方戏,学校里大部分观众都不大喜欢,观众不断离开。梦如也不想看了,一直催促父亲离开。但父亲一直坚持看下去,直到电影散场,一个几千观众的大礼堂,只剩下十几个人。父亲对梦如说,我主要想看电影导演如何处理这些情节。

疑今的儿子以撒是一家工厂的负责人,这家工厂 1980 年代主要进行一些塑料制品的加工,如加工形象逼真的塑料花,后来也生产各种时髦的眼镜架和太阳镜。随着厦门经济特区的扩大,特区管委会支持各个企业的产品更新换代,提高科技含量。

1980 年代,上海新华医院眼科是国内著名的眼科医疗机构,它还附设一个设备研制机构,开始生产人工晶状体,但产量很少。

外文系教职工一次郊游（以撒提供）

随着中国人口老龄化的发展，患上白内障疾病的人数急剧增加。以前白内障手术是将晶状体上的附着物用手术刀细心刮掉。手术难做且危险性大。后来，国际上基本采用将晶状体取出，换上人工晶状体的方法。当时，国内眼科刚开始推广这项手术，因此，人工晶状体的需求量很大，这属于国内空白的高科技产品。

以撒带领厂内主要生产骨干到上海考察，发现人工晶状体生产是一个规模不大的工厂可以承担的。厦门特区大力鼓励外商投资，可采用独资、合资、三来一补等形式开展。工厂引进了科技人员老高，在厦门市外资委领导的支持下，准备在厦门生产人工晶状体。

时值深秋，以撒到美国加州圣芭芭拉市考察，疑今老师在美国的留学生萧肖还从东部赶来为他们当翻译。以撒在美国考察，经过培训，了解了人工晶状体加工的大致情况。

人们常说，像保护眼睛一样保护我们的……，我们现在制造人工晶状体就是制造人们眼睛的一部分，其重要性不言而喻。厦门眼镜厂生产人工晶状体的合资项目，美方出资 50％、提供仪器设备；我方工人负责生产。合同规定：每年生产 62000 片晶片，一半返销国外。

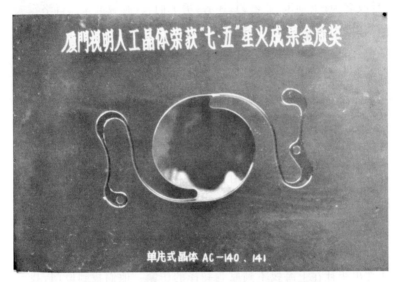

厦门视明人工晶体荣获"七·五"星火成果金质奖

这项工作得到厦门市各级领导的支持，经过一年多的紧张筹备：装修厂房、培训人员，合资的厦门视明人工晶状体有限公司开始生产。生产的人工晶状体科技含量高，而且填补了国内这方面的空白。1991 年以撒带领的该公司荣获福建省二轻工厅 PMMA 材料人工晶状体首届优秀工业设计二等奖，后来又获得思明区 1991—1994 年度科技进步奖。

父亲得知儿子取得的成绩，感到十分欣慰。

三十一、还在翻译作品

林疑今老师从 1920 年代开始翻译雷马克《西部前线平静无事》，后又翻译《西线归来》；在 1940 年翻译海明威的《战地春梦》（后改名为《永别了，武器》），还有《勇士们》、《波城世家》、肖洛霍夫的《开发中的处女地》（节译）、高尔基的《四十年代（上）》以及《丽贝加》、《中尉麦敏》；到 1950 年代翻译《奥德河上的春天》，还有《西伯利亚的戍地》《第七个十字架》等。1958 年疑今补划为"右派"，不能发表作品，沉寂了 20 年。1980 年代开始翻译《奥凯西戏剧选》《朱诺与孔雀》，前前后后共翻译了 18 部各种小说、戏剧。

1980 年代末，译文出版社想翻译出版美国托马斯·品钦（Thomas Pynchon）写的《拍卖第四十九批》。这本小说的作者长期游走于文学与科学之间，小说运用了物理热力学的"熵"的概念与信息学的视角，为读者描绘出当代科技高度发达、物质十分丰富，而精神世界沦为荒原的美国后工业社会。由于学科跨度太大，译文出版社在上海找不到愿意翻译的作家。他们找到厦门，找到林疑今这位老翻译家，希望他能再次出马，翻译这本书。

林疑今开始翻译这本十几万字的小说，很快把文学描写部分翻译完了，难译的是关于"熵"的部分。这是一个物理概念，但作者将它混在执行遗嘱的过程中描写。一方面，疑今先生年老多病，另一方面，书的作者托马斯·品钦的写法本身就给人制造一种混乱感，疑今在翻译过程中感到很疲惫。

第八章

最后的日子

三十二、查出患绝症

1991 年的秋天，疑今老师觉得颈部不舒服、肩膀酸痛，手提不起重物。他每周还要为研究生上课，每次要用两三本沉重的外文书。小女儿梦如知道父亲提不起重物，每次上课前，就帮他将这些书送到教室。

这一年的春天，阴雨绵绵，厦门又在海边，经常是风飘飘、雨潇潇，在路上即使打伞，衣服也经常被雨打湿。

疑今觉得颈部周围酸痛，以为自己是睡觉落枕，经常到厦大医院去推拿，但不见好转。大女儿梦海回家，听说父亲颈椎不舒服，就建议父亲去拍一张颈椎 X 光片。这一拍，把拍摄医生吓一跳：病人的第四颈椎基本没有了，非常危险！他很紧张，一个电话打到推拿科，对推拿医生说：千万不要再推拿了，赶快给病人套上颈部脖套。疑今是非常敏感的人，放射科医生电话里对推拿医生说的话，他已听见了……

疑今戴上颈部脖套后，觉得脖套顶着下颚，怪怪的。"……病人的第四颈椎基本没有了……"这话是什么意思？疑今从厦大医院回家（西村）的路上一直在想这件事。

这消息也把疑今全家吓坏了,云轩想起最近他老说自己很累,就以为他是年纪大了,还在教课,累的。现在知道竟然是患了肺癌,而且是晚期！癌细胞已转移到骨头、转移到颈椎。疑今的第四颈椎基本没有了！……赶快送去第一医院住院！

云轩是护士出身,不会不知道危险,但她能接受这个现实吗?几个子女听到后,十分着急,不知有什么办法。这个消息对云轩、对全家来讲,都是一个晴天霹雳。疑今直到现在还在为研究生上课,一查出病来就是癌症,而且是癌症晚期——肺癌晚期,癌细胞转移到骨头,转移到最重要的颈椎！云轩一直切切为疑今祷告。

林疑今虽然祖籍在福建漳州,但在那里并没有什么至亲的亲人。疑今的父亲年轻时到上海读书、教书。厦大创立后,他就在厦大教书,直到退休。疑今的兄弟姐妹大都在国内,好几个已经逝世了。现在疑今突发大病,一家人感到十分无助。

第二天,家人把疑今送到医院。临上救护车时,疑今回头看了看住了二十几年的西村(七),似有告别之意。

三十三、在第一医院住院

第一医院马上将林疑今收治在干部病房。医生一听就明白了:病人是肺癌晚期,癌细胞转移到颈椎,情况十分危险。病房在二楼的一端,是一个套间。疑今躺在医院里,觉得比以前舒服多了:以前自己身体很累,还要上课、到医院看病,现在一切都不用自己做了,有人服务。第一医院医护人员给他吸氧、输液;家人忙着给他熬排骨汤、炖瘦肉汤;不断有学生、同事来探望,有人送来精致的蛋糕点心。

同事中最先来探望的是葛德纯,他与疑今是圣约翰大学的上下届同学,因为都来自厦门,也一起参加福建同乡会活动。后来到了美国哥伦比亚大学，葛德纯先到一年。两人都想勤工俭学，疑今与他一起翻译《老残游记》，但是没有出版社肯接受译文，最后二人还是在哥大图书馆打工，才能维持在美国的生活。葛德纯长疑今一岁，但身体比疑今好得多。葛德纯来，就与疑今聊开心的事。

接着来的是疑今教的一群研究生。他们到了上课时间，才知道林老师生病了，在住院，就一大群赶来医院看望老师。林老师也明白自己的情况，告诉他们，文学翻译课他可能无法再上了，可能由杨仁敬或巫维衔老师接下去上。

疑今任系主任时的老搭档刘贤彬来看望，两个人聊起外文系的新老交接问题，聊起外文学科的建设问题，聊起外文系博士点的申报问题。

刘珍馨书记代表外文系总支来探望，还关心地询问了家属的陪护等问题。

之后，还有些外文系的同事不断陆陆续续来探望。但是怎么杨仁敬还没来？疑今托人带话给他，要他来一趟。早在 60 年代初，林老师就介绍杨仁敬到南京大学找陈嘉教授进修、读研究生，后来又帮他调回厦门大学。在厦大，疑今带领他从事海明威研究，后来他成为这方面的专家。

80 年代初，厦大外文系师资力量雄厚，拥有十几位教授，1981年就成为全国首批招收硕士生的单位之一。80 年代，老教师逐渐年迈离世，年轻一代有人出国留学未归，各种原因造成师资断层，之后几次申请博士点都屡屡失败。

杨仁敬赶到第一医院干部病房小楼，看到疑今老师颈部套着脖套，半倚在病床上。疑今老师从被窝里伸出手来，与杨仁敬握手，并断断续续地说："仁敬，英文博士点，你一定要继续努力争取。不管谁反对，你一定要坚持下去！"

杨仁敬双手紧握老师的手，默默地点点头，请他放心。第二天疑今开始昏迷,过了几天就离世了,这话竟成了他对外文系的临终嘱咐。

大女儿梦海向化学系请了一段时间的事假,白天陪在父亲身边,晚上请护工照顾,父亲前两个星期过得比较舒适。母亲也是近八旬的老人了,她两天来一次,带着肉汤、点心来看望父亲,与他一起读经、恳切祷告。

医生除了给父亲输一点葡萄糖水外,没有任何药物。女儿想,父亲现在缺钙,她带了葡萄糖酸钙与鱼肝油,让父亲服用,希望这种状态能维持久一些。梦如在图书馆上班,只能中午抽空来看望父亲,以撒工厂上新项目正忙,夜晚才有空来医院看望。

但是第三星期的一个夜晚,疑今额头一直出冷汗,他的手已经不能动了,梦海明白父亲颈椎可能全断了。她一直帮父亲擦头上冒出来的汗。第二天,父亲就昏迷了。

七妹宝璨在上海也听说大哥住院了,周末从上海飞来厦门探望,可惜大哥已经昏迷了,兄妹再也无法交流了。宝璨是上海财经学院教授、会计学科的学术带头人、上海市三八红旗手。她没法与大哥交谈,只好对陪伴的梦海说了许多对大哥的怀念和感激。

宝璨说,家里有六位兄长,父亲玉霖虽说是大学教师,但工资收入只够孩子们生活。几位兄长读大学的学费,很多是大哥承担的。若是一两个兄长的学费还好,由于哥哥们的年龄挨得近,有一阵是同时三个人在读大学,甚至是四个人在读(四哥因患肺病,大学读了十年)。大哥除了工作外,业余时间还一直在翻译书,补贴弟弟们的学费。大哥的颈椎是长期低头看书、写字磨损的。

宝璟夫妇来厦（以撒提供）

三十四、最后的时刻

疑今昏迷了五六天，4 月 28 日的早上，梦海发现家里的红百合花，一枝开出七朵大花，实在少见，她把花割下来，带到医院病房，插在花瓶里。

这天早上，父亲竟然清醒过来，好像要找人说话。梦海赶快打电话给母亲和弟弟、妹妹。云轩来后很高兴，以为病情有好转，赶快为疑今祷告。梦海心里在想，母亲确实是年纪大了，父亲不知是不是回光返照。过了一会，以撒从工厂赶来了，父亲就将母亲交代给以撒，希望他以后多照顾……一会儿梦如从图书馆赶来了。中午时儿媳带着双胞胎孙子赶来了。孙子已经读初中了，个子长得比较高大，但都是孩子，哪里知道这是最后的告别?!

过午之后，疑今似乎比较疲劳，又昏睡过去。到了两点多钟，他突然张开嘴大口喘气，不一会儿就十分吃力，再也喘不过气来了。大家一看这情况，知道他就要离世了……

185

全家人都聚到疑今床前,唱起他爱听的闽南圣诗《主啊,我爱近你》:"主啊,我爱近你,更依近你。虽然要上十架,我不推辞。我心决断要吟,我爱与主愈近,我爱与主愈近,与主愈近。……"大家虽然在唱,但边唱边流眼泪,边唱边抽泣,疑今已经离开大家,慢慢远去,远去,无法挽留。

听到病房里的赞美诗歌声,护理室的医生、护士也赶过来了。梦海将病房的窗户都打开了,她想,父亲的肉身虽然还在世间,但灵魂已经离开身躯,飞向天堂去了。

护士帮助家人处理了后事。

梦如陪母亲回家,又把父亲去世的消息通知外文系和礼拜堂,并与单位和教会商定,于 4 月 30 日召开追悼会。

以撒打电话请殡葬管理处的人来医院接灵柩,儿子、儿媳和大女儿送父亲灵柩到大生里冷藏库。大女儿还带着那瓶大百合花,想把它插在灵堂里。灵车向大生里驶去,车辆来回晃动,一不小心,花瓶里的水泼在了棺木上,梦海赶快把水擦掉。

林疑今遗像

4月30日早上,家属来到大生里,开始布置灵堂。云轩的好朋友锦彩早早就来了,她代表廖医生等圣约翰大学厦门校友会成员定制了一个花圈,放在正中间林疑今的遗像下。外文系的学生也赶来布置灵堂。他们在灵堂挂起长幅对联和横幅。有两场追思会,因为教会来的人比较少,所以教会的追思会在前面进行。

中午,林疑今先生的灵柩被推出来了,他全身穿着白色的罩衣,胸前绣着一个大大的红色十字架,面容十分安详。他已经放下了世间所有的忧虑和烦恼,在天堂与上帝、天使们在一起了。

新街堂主任牧师带领大家做丧事礼拜。他讲了一会儿天堂的美好,接下来是诗班与会众一起唱闽南圣诗《有土地它的光胜日午》:"有土地它的光胜日午,若深信就会看到甚明,咱的父住在彼在等候,有预备极安乐的房间。在后日有安乐,会相见在荣光的天国;在后日有安乐,会相见在荣光的天国。"长歌可以当泣,远望可以当归。疑今的子女与教会的朋友,在歌声中寄托悲痛与思念。

教会的丧事礼拜结束后,是外文系的追悼会。厦大派了三辆大客车来,大生理殡仪馆里里外外都是人,最多的是外文系的教师与学生,也有化学系的教师、图书馆的职工,还有西村的一些老邻居。

外文系领导致悼词,他先介绍了林疑今先生的经历:1913年疑今出生在上海,幼年随父亲到厦门,在养元小学、寻源书院就读。后来考入上海圣约翰大学,22岁时以优等生毕业,后赴美国哥伦比亚大学攻读文学硕士学位。回国后,先后在中央银行、交通大学、复旦大学等处任职、任教。1959年调往厦门大学,以后就一直在厦大任教,曾任外文系系主任。林疑今先生还在业余时间翻译了大量外国文学名著,如《西部前线平静无事》《西线归来》《永别了,武器》《奥德河上的春天》《西伯利亚的戍地》等19部作品,自己还创作了几本中文小说……林疑今先生曾任福建省外文学会会长、福建省比较文学学会会长、民盟省委委员。

在场有几个林疑今的研究生,他们从未听老师介绍过自己。他们以为来日方长,万没想到先生会在学生们改完论文初稿后,突然查出癌症。一个月不到,就告别人世。他们没有经历过与亲人的生离死别,当先生的遗体要被推进火化炉时,几个学生禁不住一起跪下,紧紧拉住铁床,边哭边喊:"林老师,不要走。林老师,不要走……"

这样悲痛的场面,连火葬场的工作人员也从未见过。梦海已经陪母亲离开,梦如与一些朋友上前劝说,一边劝说,一边流泪。锦彩一面劝,一面感叹地说,"好老师啊,好老师……"

三十五、天堂里的笑声

亲人中,最悲痛的当然是云轩。平时夫妻朝夕相处,现在一个人突然没有了,在家里都没人可以说话。梦海住得近,经常来看望母亲,与她聊天。开始,母亲经常与梦海回忆起父亲的事情。母亲回忆起抗战时期父亲在重庆工作,当时邮路时通时断,工资没有保障。几个小叔还在读书,有的还患肺病,实在困难。

后来,母亲又跟梦海聊起"文革"的事情。当时父亲被红卫兵叫到学校去住,也不知道会怎么样,母亲十分担心。后来梦海去看后回来告诉母亲,外文系大多数教师都被打成"牛鬼蛇神",只要以后还要办外文系,这些人就还要用。后来,父亲可以回来住了,解放出来可以上课了。接下来是妹妹要去武平上山下乡,母亲也为她担心。

母亲总是十分内疚,自责没有早些关注父亲的身体,以致父亲癌症发展到无法医治。梦海就安慰母亲说,这也是上帝的安排。一般癌症晚期是非常痛苦的,父亲还未到疼痛时期,就因呼吸道被压迫而断气,减少了很多痛苦。梦如后来搬来与母亲住一段时间。

　　过一年,云轩就 80 岁了。虽然身体还康健,但腿脚毕竟赶不上年轻人了。每个星期天由儿子以撒或孙子恩来、恩加陪着,坐出租车到新街礼拜堂做礼拜。本来,云轩经常到教会的兄弟姊妹家里探访,现在年纪大了,走不动,无法一家家看望主内兄弟姊妹,云轩就利用每次乘出租车的机会,向出租车司机传福音。她让大女儿给她买了几十本 32 开的《新约圣经》(带诗篇),每次乘车就将耶稣的故事讲给司机听,并送给司机一本《圣经》。听说后来有一些司机信了耶稣,在竹树脚礼拜堂,就有住前埔的出租车司机组成的一个唱诗班。

　　家里孩子们有时间,也经常陪云轩到海边散步,孙子孙女在海边玩沙、游泳,云轩望着大海潮起潮落,心中的悲伤慢慢化解了。平时,孙子们回家,就把学校里发生的事情讲给祖母听,让祖母不要一直想着祖父去世的事。

云轩与孙儿、外孙女在一起(以撒提供)

再说杨仁敬接受了林疑今先生的临终嘱托，感到压力很大。1993 年博士点申报时间又到了。杨仁敬与刘贤彬老师认真整理材料，仔细填写了一大堆表格，然后层层报送上去。但是其他系也有许多学科都要申报博士点。而每个学校可申报的数目有限，有些人就说："英文博士点前后都申请三次了，浪费了那么多次机会，也没申请上。"结果，这次学校选拔，外文系都落选了。

那时，国外恰好有个学术会议，杨仁敬就出国开会去了。申请工作就留给了刘贤彬老师。刘老师找了教务处刘正坤处长，又找了老校长田昭武先生，说明外文系当前的情况。这些领导知道前几次申请的问题，又给现任的林祖庚校长打电话。校长终于同意，让外文系再申报一次英文博士点。

评审会时，刘贤彬教授带着一个年轻教师去开会。在会上，见到许多国内英文界的泰斗，如北京外国语学院的王佐良、山东大学的黄嘉德、南京大学的陈嘉和复旦大学的杨岂深等。刘老师一一拜访他们，又告诉他们："我校林疑今先生不久前因患癌症突然去世了，他临终前一直挂念我校博士点的申报情况。"

那天投票时，复旦大学杨岂深教授就发声了："厦门大学林疑今先生不久前患癌症去世了，临终前就挂念厦大的英文博士点。"这一说，风向就变了。结果在 9 个申请英文博士点的学校中，厦大得票最高，顺利通过博士点申请。

这个消息一定传到天堂了，相信疑今听了，会笑出声的。

那年疑今生日的时候，云轩与几个孩子在囊萤楼前合影留念。

疑今家属在囊萤楼前合影(1993 年)

当年的学生聚集在博学亭前回忆在校的时光

永存的记忆

三十六、薪火相传

大女儿梦海大学毕业后被分配到山东省,要到山东军马场报到。军马场位于黄河入海口东营。人先到山东省昌邑县报到,然后部队拉练到黄河口。学生报到后,穿上没有军衔的旧军装,按照部队营连排编制分配:厦门大学来山东的一百多人编成一个连,分成十个班。男生有三个排,每排三个班,女生只有十人,分在第十班,还有一个炊事班。班长、排长、连长、指导员,都是部队指战员,完全过军事化的生活。

梦海所在的这支部队属于工程兵部队,一路从山东东部拉练到西部,让锻炼的学生大致了解了山东的风土人情。大家印象最深的是路过寿光县的情形。这里以蔬菜种植为主业,供应济南等大城市(现在寿光已是全国蔬菜供应基地)。部队路过时,县领导要县剧团表演一场革命样板戏《沙家浜》,军民联欢一下。

部队早早吃了晚饭,按场地整整齐齐坐满一半地方。另一半是老百姓,很多孩子早就守在舞台前了。快要开场时,大队负责人要大家坐好。他不用喇叭喊,而是用一根细竹竿,从会场一边横扫到另一边。这样扫两次,观众就坐得整整齐齐,没有孩子站起来了。样板戏开演了,过了一会,孩子们可能看不清楚,就又站起来了,负责人又拿细竹竿横扫两遍。戏演到阿庆嫂、胡传魁、刁得一"智斗"情节,台上演得正热闹,台下也有唱有跳,上下呼应……

学生连拉练走到了黄河口军马场,这是一片河口冲积平原。地面上是部队的军马场,种了大片牧草,喂养军马(每匹马都有编号、档案)。地底下是东营大油田,就在连队驻扎的营地不远,有几个油田的井架,井架上的机器日夜轰鸣,向下挖掘。油井挖好后,就安上采油树,地下原油沿着采油树的管道,源源不断流向储罐。

梦海在军马场

学生连到了军马场,就要自己搭盖住房。班长带领班员,先去仓库领出钢角架和螺丝、扳手,来到画好粉线的地方。先要把钢角架搭成长方体,从理论上大家都觉得没问题,但具体要上螺丝、用扳手,女生体力就比男生差得多。幸好班长是干过的,她领着大家

193

努力做,总算把钢架的长方体搭建出来了。接着要搭盖屋顶的钢架,屋顶比较高,搭盖有难度。搭好后用苇子和草捆将四面墙围好,并用铁丝固定好。最后再用草捆搭盖在屋顶上。这样盖的房子,秋天倒无所谓;到了冬天,屋顶、围墙都有缝,下雪时,雪都会飘到床头上。

女生班的第一任班长叫严冬,是高干子弟,她说这名字是"文革"中自己起的,意思是对敌人要像严冬一样冷酷。过了一个来月,第一任班长调走了,据说调往解放军洛阳外国语学院学习外语,将来可能从事外事工作。第二任班长叫梁谷米,听说是师级干部的孩子,不到半年也调去打乒乓球了。最后,连里向领导反映,最好是派普通干部子弟来,才能比较稳定,连队工作也好安排。第三任班长王春光一直带领女班,直到大学生被分配工作、离开部队。大学生在军马场盖了造纸厂,后来造纸时,王班长还给大女儿寄去一沓纸。

刚开始到军马场时,正值军马场地面麦子刚收割,锻炼的大学生就先将麦秆打成草捆,准备运到造纸厂造纸。工程兵部队当年的任务是在军马场盖一座造纸厂。在连长带领下,学生连先是挖地基,推土方。这两届学生,许多出身于贫下中农家庭,在家里都是干过农活的,但山东人用独轮车推土,我们在福建没用过,要掌握平衡不容易,推着推着方向稍微一歪,小车就倒下了,土撒了一地。学推小车,实际是锻炼人的意志。接着盖厂房,男生排负责垒砖墙,有人推砖、有人和泥、有人砌砖,女生帮他们抹墙缝。几个月后,厂房的车间都建起来了。最后要建一个高高的烟囱。刚开始在平地上干活还好,后面烟囱墙垒高了,要爬脚手架,有的同学有恐高症就很痛苦。

学生连平时白天劳动,晚上有时还要紧急集合,打背包、急行军等,十分辛苦。还好大家都年轻,咬牙接受锻炼。有些同学体质较弱,白天太累了,晚上都睡不着觉,白天还要干重活,恶性循环,就十分辛苦。学生连队的伙食搞得很好,黄河口是个移民区,生活水平较低,连队按伙食标准采购,每天有肉、有各种蔬菜。除了平常的伙食,连队到了逢年过节还改善生活,鸡鸭鱼肉,应有尽有。

1971年秋天,福建传来消息:那里农场锻炼的学生已经被再分配了,而山东这里毫无音信。直到1972年春节前,突然接到上级通知:山东农场的学生也要被分配了,福建学生想要回福建的可提出申请,结果一百来人中有七十多人申请,只解决了二人。在山东的,原则是先照顾归国侨生,分在地级市以上单位;一般学生就在县一级单位,梦海被分配到临沂农药厂。农药厂所在地,是最靠近江苏的一个地区,从临沂到徐州只要坐半天的长途汽车,然后换火车,就可以经上海回厦门。

临沂农药厂主要生产四乙基二硫代焦磷酸酯农药(商品名苏化203),后来还生产1605农药。工厂里有硫磷工段、酒精工段、氯化物工段、合成工段等。梦海被分配在化验室。工厂是24小时连续生产,化验室也是日夜轮班,到车间氯化物工段、合成工段取样、监控化验。梦海在大学没有时间学习分析化学,现在是一边工作、一边学习。因为是化工生产,腐蚀性比较大,过一段时间就要工厂停产,检修设备。

这个农药厂是60年代后期新建的,厂里人也不多,主要由三部分人组成:一些是部队复员军人,一部分是大学毕业生,还有大部分是建厂时招来的学徒工。厂里人都比较年轻。工厂在临沂的西郊,周围还有一个国棉八厂、一个拖拉机机修厂(从青岛搬迁到临沂的)。国棉八厂比较大,周末经常在广场上放电影。梦海与厂里同伴一起去,有时看见前面有几个人特别高,以为他们站在凳子上,走近一看,这些人都站在平地上,看来山东高个子很多。

山东的农业搞得较好,在临沂猪肉是敞开供应的,一斤只要七角五分。每年回家探亲前,梦海都买上十几斤肉,切成小块,用糖、盐和白酒,按广式香肠的配方调制好,然后灌进肠衣。每隔20厘米扎一个结,并用大头针在肠衣上扎一些小眼,让气体可透出来。然后将香肠挂在屋外绳子上晾干。山东冬天户外都是零下十来度,天然的大冰箱。晾半个多月,香肠就做好了。

梦海带着十几斤香肠回家探亲。经过上海时,姑姑还会把元旦、国庆节等节日购买的猪肉罐头等让梦海带回家,好让大哥家过一个丰盛的春节。

1978年,全国在恢复大学招生后,也恢复了研究生招收。梦海当时想调回福建,想去物质结构研究所,因此在工作之余,也自学了一些结构化学课程。正好厦大化学系物构组张乾二教授开始招收研究生,梦海考上了。

张乾二把自己招研究生的情况告诉唐敖庆(唐敖庆是吉林大学校长,张乾二60年代曾到长春进修量子化学)。唐敖庆很高兴地对张说,60年代在长春进修的几位老师都招研究生了。当时高校许多教师下放未回,师资力量不足。多年无人搞科研,未出版图书,书籍资料极端缺乏。唐敖庆为了让学生受到最好的教育,决定把吉林大学、东北师范大学、山东大学、四川大学、云南大学和厦门大学六所高校和中国科学院两个研究所的量化方向研究生集中到长春一起培养。

1978年10月初,厦门还温暖如夏,梦海带上冬衣向东北出发。火车到了上海,当地已秋意浓浓。梦海换上上海直达长春的快车。到了长春,这里已下了当年第二场雪,街道边堆着一些残雪。研究生和进修教师从全国四面八方来到长春。宽阔、笔直的斯大林大街把人们引导到吉林大学,广场上高大的"二战"苏联空军英雄纪念碑,让人印象深刻。全体学员都被安排住在吉林大学第八宿舍。

宿舍是双面三层楼,下面还有地下室(做食堂)。房间很大,有三十几平方米,可住十几个学生。吉林大学考虑到研究生,特别是进修教师年纪偏大(大多是四十来岁),一间宿舍只安排 6~8 人,大部分住在三楼。因为是关外的建筑,楼房的玻璃窗都是双层的,既保暖又隔音。

吉林大学唐敖庆、孙家钟、江元生联合招收 15 名研究生,其中五六位是"文革"前招收的,读了一两年后,"文革"开始,课程中断,1968 年被分配到工矿、农村,这次考回来再读的,都已年近 40 了。其中,一些是本校 1966—1968 届毕业的学生;有些是外校考来的,最年轻的郭鸿、郑聪和孙卫国,才 24 岁。其他 5 个学校和中国科学院派来学习的研究生也有 15 名,一共 30 人,组成跨校的研究生班。全国几十个学校和中国科学院相关研究所选送了 200 多位进修教师也到长春来听课。

1978 年恢复招收研究生的制度,也是我国研究生制度的一次改革。以前研究生是选送制,这次是选拔制:个人报名,考试选拔,择优录取。与高考大学招生一样,也是停顿了 12 年,现在重新开始。中央电视台接到重点报道任务,他们先采访了北大、清华等著名高校,又听教育部说,吉林大学办了一个很大的量子化学研修班,就赶来长春采访了。

记者们到长春的第二天,刚好是唐敖庆上"量子力学"课。记者们扛着"长枪短炮"来到理化楼的大型阶梯教室,200 人的大教室已挤得水泄不通,后面的过道上都已放上板凳,摄像机放机子的机位都没有。不要说研究生班没见过这么多人的,就是大学生的大班课也没见过这样的阵势。记者不解地问接待人员:"这些都是研究生?"接待者解释道:"只有中间一小块是研究生,其余是进修教师。"

记者只得把摄像机架在前门口,对教室整体拍摄,然后再转到前面,对着唐老师拍了几个镜头,再对研究生这一块拍了几个镜头。下课后,记者又采访了研究生中最年长的和最年轻的。第二天,这些镜头就在中央电视台《新闻联播》中出现了。

唐老师为大家讲授"量子力学"和"量子化学"两门主课,可不简单。这两百多名学员学习基础参差不齐。基础好的,十几年前毕业于物理系,后来教学时讲授过量子力学;基础差的,中学没毕业就上山下乡,后来当了工农兵学员,补了简单的数理基础,以后就学习化学知识,缺乏大学普通物理课程的知识;还有的大学只念了一两年,就赶上"文革",同样缺乏物理课程知识。

唐老师给大家上"量子力学"第一课时,他没有直接上课,而是先介绍其实验基础,再介绍既重要又难理解的"测不准关系",最后介绍学习方法:一方面要勤奋学习经典著作,另一方面要打下深厚的数学、物理基础,要学习群论和泛函分析等。

唐老师不仅学问好,也深谙教学法。由于学员基础参差不齐,这门课理论性又强,他一开始讲课速度放得很慢,然后慢慢提高难度,慢慢增加推导证明,让大部分学员能跟上讲课进度。对于基础好的学员,在讲述完一般推导后,还会将内容提升到一定高度,画龙点睛,使基础好的学员也豁然开朗,搞清许多知识的内在联系。

孙家钟老师为大家讲"群论"课,板书的标题是用英文写的,一些专业名词,他也用英语讲。(当时大家的英语水平很差,很多人以前是学俄语的。)这是一个提高英语水平的好办法,方便学生掌握这些词汇,将来查文献、写文章都能得心应手。

邓从豪老师讲授"微观反应动力学",这门课涉及量子化学的动态研究。他是厦大校友,早年就读于厦门大学,毕业后曾到集美教学,后来到山东大学任教,还当了山东大学校长。

鄢国森老师给大家讲"分子振动理论"。这门课基本用经典力学,属于一门应用课程,更接近结构化学。鄢老师在四川大学任教,后来也当上四川大学校长。

戴树珊老师讲授"配位场理论"。戴老师在云南大学,他千里迢迢托运来上百本"配位场理论"的讲义。在那缺书少资料的年代,这些讲义真是雪中送炭。学员在一年多的学习中,基本没有教科书、没有参考书,所有的学习材料,全靠自己记笔记,能拥有一本讲义,真是太好了。

梦海在长春的一年半,在全国一级教师指引下,高强度地学习了理论化学的主要基础课"量子力学""量子化学",主要数学课"群论""数理方法"和应用理论化学课"微观反应动力学""分子振动理论""配位场理论方法"等,为今后的教学和科研打下扎实的基础。

梦海回到厦大后,立刻投入硕士论文的研究中。张教授与他们交谈时,发现学生对这些专业名词都很熟悉,其实是拜戴老师的"配位场理论方法"和孙家钟老师"群论"课所教。梦海与文旦(另一名研究生)开始进行大量的群对称耦合系数的计算。接下来是撰写学位论文。他们研究的原子簇化合物化学键理论是当代理论化学的一个重要课题,这一理论的发展对沟通无机化学和有机化学、更深刻地揭示化学键本质有重大意义。

论文答辩时,张教授邀请吉林大学孙家钟老师来厦担任答辩委员会主席。孙老师当年是燕京大学的高才生,后来支援吉林大学到了长春。孙老师到了厦门,听说张老师住在鼓浪屿,就要梦海带他去鼓浪屿拜访张老师。

这时已是深秋 11 月,东北早已是冰冻雪飘,厦门却还温暖如春。孙老师登上厦鼓海峡往返渡轮,随着渡轮加速前进,潮湿的海风吹拂着人们的面颊。一会儿就到鼓浪屿了。梦海带着孙老师走在鼓浪屿高高低低的小路上,孙老师望着鼓浪屿一栋栋别墅问长问短。一会儿就到了张老师家。张老师住在岳父留下的房子里,正屋是二层别墅,后面是一栋瘦长楼,供服务人员居住。孙老师就问梦海:像不像英国小说里的老房子?

梦海研究生毕业后,留在厦大化学系物构组工作,这是卢嘉锡先生建立的团队。早在 1930 年代,卢嘉锡先赴伦敦大学化学系留学,获博士学位后,因二战无法回国。后来又到美国 Pauling 教授(诺贝尔奖获得者)实验室工作 6 年,1940 年代后期归来,在中国建立起第一个理论化学研究团队。

1960 年,卢嘉锡带领厦大化学系物构组大部分成员和化学系、物理系一些教师到福州,创办福州大学、中国科学院福建物质结构研究所,只留下早年弟子张乾二和大学刚毕业的林连堂、王南钦、王银桂在厦大。"物质结构"课由张乾二老师接棒。1960 年代,卢嘉锡与唐敖庆、徐光宪等还为全国开办了"物质结构研讨班",提高了我国在这方面的整体水平。

梦海等编著的《结构化学》等国家精品课程教材

1980 年代,卢嘉锡支援外地的弟子胡盛志、施彼得、黄泰山、周牧易等回到厦大,又招收了一些新的研究生,一时间厦大物构组人才济济。

后来,张乾二出任厦大化学系主任,林连堂等老师讲授"结构化学"(原名"物质结构")。这门课以量子力学为基础,结合无机化学、有机化学的实验事实,讨论原子、分子的化学键理论。林梦海担任物构教研室主任,并辅导"结构化学"课程。

化学系物质结构教研室(简称物构组),是 1940 年代末卢嘉锡刚从美国留学归来时创立的。1950 年时称化学研究所(研究物质结构为主),并开始招收研究生。卢先生十分重视教学与科研的双向促进:以科研促教学,以教学巩固科研成果。当时厦门是海防前线,既没飞机,也没铁路,台湾海峡又被封锁,学生寒暑假大多不回家。春节时卢先生请学生到家吃卢师母蒸的厦门年糕,中秋时到南普陀吃炒米粉。

卢先生一人先后为研究生开设了"物质结构""量子化学""统计热力学""现代晶体学"等六门课程,其中三门是国内率先开设的。他还带领学生开展晶体培养和晶体结构测定等实验。学生毕业后,卢先生将他们送到祖国最需要的大西北。1960 年,卢嘉锡带领物构组大部分成员到福州,组建福州大学和中国科学院物构所。

60 年代,张乾二老师带领林连堂、王南钦、王银桂等组建新物构组;70 年代后期卢先生早年学生胡盛志等回归厦大。80 年代物构组除了承担"结构化学"本科教学工作外,科研大致可分为两大部分:一部分是搞晶体培养和结构测定,另一部分是搞量子化学理论研究和计算。梦海研究生毕业后留校任教,几年后,担任教研室主任,室内成员基本是自己的老师辈。

80 年代,卢嘉锡要到北京负责中国科学院工作,要张乾二担任中国科学院福州物质结构研究所领导,而当时张乾二老师正担任厦大化学化工学院院长,只能福州、厦门两地跑。当时还没有高速公路,从厦门到福州开车需要七八个小时,张老师经常坐火车卧铺,一夜就到福州。化学系里许多事情交代梦海去办。

1993年,物构组承办了第四届全国量子化学学术研讨会,大量的事务性工作压在梦海身上。首先是会议的策划与向全国主要高校发出会议通知,会议论文的接收、审阅、分类、排版、付印。物构组老师年纪偏大,梦海发动年轻教师和博士生开展工作。接着是会议的接待问题,会议住宿主要安排在校内国际学术交流中心,还要安排大小报告会场,会场部分安排在化学楼内,部分安排在学校公共教室里。

开会日期到了,唐敖庆、徐光宪等量子化学的老前辈来了,邓从豪、刘若庄、孙家钟、江元生、鄢国森、戴树珊等唐老师的八大弟子来了,全国300多位理论化学的教师与研究生来了,大家欢聚一堂,讨论量子化学发展的方向和工作。

第二年(1994年)物构组还承办了第二届中日双边理论化学研讨会。虽然会议的规模比上一年小,但属于国际会议,有些特殊要求。会议举行时,日方代表组团一起来。梦海自己到机场去接参会代表。

航班准时到达,梦海引领代表乘上厦大派出的大型车辆。车上代表大多是第一次来中国,基本都是第一次来厦门,他们对厦门崭新的机场称赞有加。车辆经过镇海路国际假日海景大酒店,车上一阵赞叹声,车子开过后,又是一片叹息声,似乎遗憾不能住在此处。很快,车子开进了厦门大学,最后在崭新的克立楼前停下,车上响起一片掌声。许多代表一下车就赶快拍照。

中日双边会议开得很成功,不仅交流了学术,也增强了中日友谊。

随着中国改革开放的步伐加大,厦大化学学科国际合作的机会也越来越多。胡盛志教授邀请加拿大渥太华大学化学系的同行来厦大一起工作。人员的接待、住宿、饮食的安排都是教研室的事。后来,胡老师又邀请一位意大利的同行在厦大短期工作。意大利是美食之国,专家的饮食安排可是件麻烦事。

90年代,林连堂出任学校副校长,"结构化学"课程由梦海、银钟两人接班讲授。转眼到了21世纪,这门开创近一个甲子的课程,从卢嘉锡传到张乾二,再传到林连堂,最后传到林梦海,但尚未写成教材。主讲教师也即将退休,大家决定要抓紧时间将教材写出来。2004年,经过梦海、银钟一年努力和全教研组师生的协助,这本国家级精品课程教材《结构化学》,在科学出版社出版。

教材内容既考虑必要性和完整性,还考虑时代性和先进性。除了书本内容,还建立了交流网站,物构组一些研究生主动为网站值班,回答网民的一些问题。该书出版后,这门课程成为厦门大学建校百年以来四大国家级精品课程之一。之后,根据科学的发展、教学的经验,每几年再版一次,主编也从梦海变成她的学生谢兆熊、吕鑫等。

写完《结构化学》教材后,2008年,梦海把导师张乾二等人的研究专著《多面体分子轨道理论》整理再版。

梦海除了承担本科主干基础课"结构化学"讲授外,还承担研究生学位课程"量子化学"的讲授。这门课首先简单介绍量子力学基本原理,然后将该原理应用于原子结构、分子结构。这门课被公认为化学系研究生比较难学的学位课程。

化学系本科的无机、有机、分析等课程,大多是大量化合物性质、反应过程的介绍。介绍的大多是宏观的化学现象,学生是可以观察到的。现在讲的量子化学,则是讨论分子中电子运动的化学键,属于微观现象,所以不能用以前的方法,而要用学习数学、物理的方法。

梦海老师先介绍用量子化学基本原理编写的程序计算简单分子的化学结构,再介绍用群论方法如何简化计算,最后介绍用分子轨道方法、价键理论等各种方法编写的国际通用计算程序。学生看到运用这些程序,可以计算他们研究的化学分子,学习兴趣大大提高。

2005 年,梦海把自己为非理论化学研究生开设的"量子化学"的讲义,整理成《量子化学简明教程》在化学工业出版社出版。

张乾二院士早年为理论化学专业研究生上的"群论"课很有特色,他一直想写出相关教材,但一直忙于政务,没有闲暇坐下来整理这些材料。直到张老师 85 岁时,他还在念叨这事。梦海知道老师的心思,邀请张老师年轻的弟子吴玮、曹泽星,一起为老师实现这个愿望。三个人分工,一人承担两三章,张先生也很关心这一工作,经常询问学生们整理的进度,并把书稿拿来校对、把关。经过不懈努力,《有限群理论基础及其在物理与化学中的应用》于 2018 年在科学出版社出版。这书成为物理与化学方面研究生难得的教材。

2010 年,邓楠提议、中国科协牵头,联合中组部、教育部、科技部、中国科学院等 11 个部委共同实施老科学家学术成长资料采集工程。由于科学家大都已老迈,这是一项抢救工程,要及时采用口述访谈、录音录像等方法,将材料采集记录下来;还要有实物采集,把反映老科学家成长历程的关键事件、重要节点、师承关系等各方面的资料保存下来,为研究科技人才成长规律、宣传优秀科技人才提供第一手资料。

梦海带领资料采集小组向张乾二老师讲述了这一工作。张老师第一反应是:"我的老师卢嘉锡、唐敖庆这么优秀,都还没有人为他们写传记、做这方面工作呢。"

于是,梦海就先为张乾二老师的量子化学老师唐敖庆写了《高山仰止》一书。由于梦海读研究生的时候,到吉林长春参加了唐敖庆办的全国进修班,聆听了唐敖庆亲自讲授的"量子力学"和"量子化学"，才有亲身体会，写出了这本书。该书记录了我国第一代理论化学家唐敖庆与他的学生邓从豪、孙家钟、张乾二、刘若庄、鄢国森、戴树珊等（大多是院士），为了振兴中国的理论化学事业，不畏艰难、终生奋斗的感人事迹。

接着，梦海与多人合作写了中国科学院院长卢嘉锡的传记《华夏赤子、科教巨擘——卢嘉锡》，他是张乾二早年"结构化学"（当时称"物质结构"）的入门老师，带领张乾二院士开拓了中国晶体人工培养的道路。卢先生不仅学术造诣极高，更重要的是他对国家的科技事业的关切、谋划，对科技人员的关心和爱护感人至深。"文革"期间，卢嘉锡先生被打倒。周恩来总理听说后，嘱咐福州军区皮定均司令过问一下。卢先生被革命群众解放后，就赶到厦门大学，来关心厦大被批斗的老教授，他不仅自己关心，还要学生张乾二也去关心。卢先生以后又领导中国科学院十来年，最后成为国家领导人之一。

最后，梦海与黄宗实、郭晓音合作，为张乾二院士写了《浪遏飞舟》和《弄潮儿向涛头立》两本传记。

三十七、开拓国内量化计算

1920年代，Schrödinger（薛定谔），Heisenberg（海森伯），Dirac（狄拉克）等创立的量子力学体系，引发了物理界的一次革命。它标志着物理学的研究对象从宏观进入微观领域。

量子化学从一开始就存在两种流派，分别主张价键理论（VB）与分子轨道理论（MO）。价键理论将化学键分为离子键、共价键和金属键，及分子间相互作用力（包括氢键）。气态分子中的化学键主要是共价键。离子键和金属键分别存在于离子化合物与块状金属中。分子间和分子内部有时还形成氢键。分子轨道理论假设分子轨道由原子轨道线性组合，允许电子离域在整个分子中运动，而不是在特定的键上。这种离域轨道被电子对占据，从低能级到高能级逐次排列。

50 年代计算机的出现，为量子化学计算提供了有力的工具。分子轨道理论易于程序化而蓬勃发展起来。70 年代，国际上出现几种相关的大型程序。

80 年代随着计算机的普及，量子化学计算在世界各地的理论化学小组中进行，而研究对象也从中小分子向较大分子、重原子体系发展。

90 年代计算机向两个方向发展，一方面是超型计算机的出现，多处理器的并行机（MIMD）在一些发达国家出现，如美国、日本等国建立的国家实验室、计算中心，都配制了超型机，各地用户经申请，通过网络可上机计算；另一方面是微机大量进入普通实验室。

为了使国内研究生也跟上国际量子化学计算的发展步伐，梦海编写了《量子化学计算方法及其应用》，主要介绍国际通用量子化学程序的输入方式、程序如何进行计算，最后如何分析计算结果。

2004 年该书在科学出版社出版后，马上受到许多读者关注，国家教委将该书定为化学系研究生教材。国内的量子化学计算蓬勃发展起来。

物构组内陈明旦教授对计算机十分爱好，自学了网络的原理与应用。90 年代带领学生率先在厦大化学系铺设了局域网，是国内较早应用网络的少数学校之一，为全系的科研工作带来极大便利。他带领学生为全系各门基础课建设的网络课件，2003 年被评为全国优秀网络课件，2005 年获福建省教学成果奖三等奖。陈老师从网上获得了大量信息，从而在化学系率先开设"化学信息学"课程，并整理出《化学信息学》一书，2005 年在化学化工出版社出版，现在由谭凯老师接班负责这本书的编写、再版。

2002年物构组量化方向教师为主体的厦门大学理论化学研究中心成立,进一步加强了厦门大学理论化学的学科建设,促进了理论化学科研人才的培养。

梦海老师与年轻教师、研究生庆祝厦大八十周年校庆(摄于2001年,梦海提供)

三十八、继承帮扶传统

梦海曾问父亲,年轻时,特别是上大学时,为什么要译这么多书,父亲回答:"为了给弟弟妹妹交学费。"后来父亲临终时,姑姑来探望,听说父亲是因为肺癌晚期,癌细胞转移到骨髓、第四颈椎磨损消失而压迫呼吸神经致病危。姑姑也说,这是长期埋头写作引起的。

姑姑还说,家有六位兄长,年龄都挨得比较近,家里长期有三个人在读大学,这在新中国成立前是很重的负担(那时读大学基本是自费,除非能拿到奖学金,这个比例是很低的)。在大哥的帮扶下,七个兄弟姐妹全都大学毕业。

后来,梦海与母亲云轩也谈起此事,云轩来林家也有几十年了。她对梦海说,新中国成立前,每到开学时,老母亲就要拿出一点黄金来,看够不够交学费。(当时时局不稳,货币贬值厉害,有点钱就要赶快换成碎黄金以保值。)六弟当时想读医学,大家劝他时,对他说,医学要读七年,要花很多钱。那时已是抗战时期,挣钱很不容易。父亲玉霖在厦门大学,已迁到福建长汀,邮路已断,寄不来钱;疑今在重庆,虽说在银行,工资有保障,但邮路时通时断。特别是到了 1942 年后,不要说没地方挣钱,连米都买不到了。这还是在国际大都市上海,别的地方就更惨。

云轩又说,林家是有兄弟帮扶的传统的。父亲玉霖当年是祖父林至诚牧师卖了家里的祖屋才有钱读书的。以后五叔玉堂、六叔玉苑读圣约翰大学时,膳食费也是父亲玉霖负责的。父亲虽在圣约翰教书,但中国教师与外国教师的工资相差很多。当时玉霖自己有几个孩子,负担也不轻。五叔玉堂在大学参加许多竞赛,得了奖金,自己舍不得花,攒起来,让六叔玉苑可来上海读书。

五叔语堂当了作家出名后,他表示,要为每个兄长培养一个孩子,先是带大伯家老大惠元翻译《英国文学史纲》,惠元英文不够好,五叔语堂亲自为他校对。

1930 年代,惠元参加革命,带领群众抵制日货,后来被日本特务残酷杀害,十分惨烈。疑今也想翻译书,五叔给他推荐雷马克的《西线无战事》这本书。五叔想这书是作者中学毕业后上战场的体会,疑今当时也是个高中生,比较能理解这种心情。五叔看了疑今的译文后,帮他联系出版社,又为他这本书写了"序"。还告诉二哥玉霖与疑今,这本书已拍成电影,很快要在上海上映。疑今为了赶进度,只好休学一年。这书出版后,连续印了六七版,一年印数达16000 本,创 1930 年代文学书籍出版记录。疑今从此走上翻译道路。

语堂在上海写书时,还想编词典,三叔憾庐(和清)就来上海一起帮着做。憾庐编了五十几卷的稿子,除了语堂带去美国的十几卷,其余全毁在日本侵略军的炮火中。1936 年,语堂要赴美国写作一年,也是三叔帮五叔将《宇宙风》等杂志接手办下去的。

1936 年语堂赴美前兄弟合影(台北林语堂纪念馆提供)

注:左起依次为憾庐、玉霖、语堂、林幽。

1943 年初,三叔憾庐因常年超负荷编杂志,肺痨日益加重,又伤感儿子伊曙去世,竟不幸身亡,年仅 51 岁。五叔闻讯赶回中国桂林,慰问三嫂及子女。他还约二哥玉霖在韶关见面,之后带二哥的二儿子宝鼎(国荣)赴美。国荣在美国读研后,在纽约银行工作,一直陪伴在五叔身边。1960 年代,国荣与相如一起护送五叔夫妇回台湾。

1968年,国荣与相如护送语堂夫妇回台湾,受到三叔孩子翊重、伊祝全家和廖家亲戚迎接(鹏侠提供)

五叔在台湾士林区仰德大道住时,大姑仪贞的大儿子钦煌一家也常与他们在一起。

五叔回台后,还编撰了《当代汉英词典》。

三十九、整理父亲作品

疑今翻译的许多书,本来家里还有几本的,"文革"之后,所剩无几。梦海想起自己的大伯兄在中国科学院工作,他的儿子林林在北京图书馆(即今国家图书馆)工作,那里藏书应该比较全。梦海请侄儿林林帮她查询一下父亲林疑今写的书在北京图书馆能查到多少。

林林在林疑今名下查到32个条目,查询结果是按时间倒序的。在北京图书馆第一基藏库、图书第一外借库、图书第二外借库、图书阅览室、书刊保存本库等多处，都查到了海明威著、林疑今译的《永别了，武器》。这本书在2002年、1995年、1991年都分别再版过。接下来是1989年出版的托马斯·品钦著、林疑今译的《拍卖第四十九批》（在图书基藏库和书刊保存本库都有收藏）。

1982年出版的（爱尔兰）奥凯西·希恩（Sean O'Casey）著，林疑今译的三幕悲剧《朱诺与孔雀》，在国家图书馆有收藏，这一年林疑今和黄雨石还合作翻译了《奥凯西戏剧选》。1981年、1980年海明威的《永别了，武器》再版，也有出版社将疑今早年的译本《战地春梦》拿来出版。

接着，检索结果是1955年出版的（匈）毛尔科维奇著、林疑今译的《西伯利亚的戍地》；1954年译文出版社出版的（苏）卡扎凯维奇著，林疑今和王科一合译的《奥德河上的春天》；1953年出版的（德）希格斯著，林疑今、张威廉合译的《第七个十字架》；1945年出版的（美）恩尼·派尔著，林疑今译的《勇士们》。这些收藏在图书基藏库和书刊保存本库。

但是，1944年出版的杜·莫洛亚著、林疑今译的《丽贝加》，（美）项美丽著、林疑今译的《中尉麦敏》，（美）J. P. 马关著、林疑今译的《波城世家》却没有藏书。还有1933年林疑今创作的小说《江南的春天》，1932年林疑今创作的小说《中学时代》，都是有书名，却没有藏书。

检索到最早的结果是1929年（德）雷马克写的《西部前线平静无事》和1930年（匈）毛尔科维奇著、林疑今译的《西伯利亚的戍地》。推算起来，这是林疑今十六七岁时的作品，也就是说，他从高中就开始翻译书了。

侄儿林林对梦海说，"你父亲写了好多书啊"。

梦海看了检索结果，就对林林说，要请他帮个忙。因为疑今1935年写的《无轨列车》《旗声》在北京图书馆的保存本库中有，而民国时期的书,一般不能外借。她就请林林帮她各复印一本。林林在北京图书馆上长白班,只能每天下班后复印几页,用了一段时间才把《旗声》和《无轨列车》两本书复印完,寄来厦门。

疑今的小女儿梦如在厦大图书馆工作,梦海请梦如的同事陈晓慧帮忙将这些复印件装订成书。晓慧一看,她就直接联系上海图书馆,请他们分别复印一本,作为厦门大学图书馆的藏书。上海图书馆藏的这两本书的品相也不好,封面已不见,全是牛皮纸糊的封面。

后来,梦海到上海出差时,到上海图书馆去,想去找父亲疑今早年在上海出版的那几本书,如《江南的春天》《中学时代》等。上海图书馆的回答是:民国时期的书不可外借,可以复印,一页五元钱。梦海想,这也太昂贵了,那就复印几个封面吧。结果到里面一查,有些书封面已破损,都是牛皮纸糊的了,只复印了《江南的春天》和《秋水伊人》两本书的封面。

从上海图书馆复印的疑今 1930 年代书籍封面(梦海摄)

四十、乘百年校庆东风

2019 年，厦门大学通知：为反映和宣传厦门大学百年来的学术成就和贡献，挖掘厦大学术丰厚的历史积淀和传统资源，为学校"双一流"建设提供学术传统的支撑，"厦门大学百年校庆系列出版物"丛书下设"百年学术论著选刊"系列，以精选、重刊一批本校学者在校期间撰著的、具有重要价值的学术论著。

梦海得知这项工作后，就在思考如何将父亲大量译作和著作整理出来。这时厦大嘉庚学院英语系陈智淦老师在《闽台文化研究》上刊登了《林疑今文学年谱（1929—1992）》一文。看了这篇论文，梦海才得知，父亲一生共翻译了 19 部外国小说；还翻译了大量短篇小说在各种杂志上发表，既有英译汉，也有汉译英，如《老残游记》（部分）和鲁迅的一些短文，同时，父亲疑今还创作了五六本中文小说。

梦海和弟弟以撒、妹妹梦如商量，考虑到出父亲作品的全集不太现实，可考虑出选集。首先确定疑今十六七岁时翻译的雷马克小说《西部前线平静无事》、1940 年翻译的海明威的《永别了，武器》以及 1954 年与王科一合译的苏联卫国战争小说《奥德河上的春天》入选。这三本翻译作品，都是反战主题，在刚发表时就引起轰动，十分热销。但这些作品发表的时间，距离今天已经七八十年，有的甚至九十几年了，有些作品这一代年轻人都没听说过。但是今天的世界，与八九十年前何其相似，俄罗斯与乌克兰的战争、以色列与巴勒斯坦的战争，越打越厉害，后面的煽动者逐步暴露出来，从后台走向前台。全世界人民比任何时候都更看清这些战争贩子的面目。这个时代也呼唤反战小说。

还有一本疑今在银行杂志上连载的中篇小说《侵吞存款者》，

小说内容与我国现代人生活比较接近，而这本书当时只是在银行杂志上连载，还没有汇集成书。

疑今的中文著作有好几本，如《旗声》《中学时代》《江南春天》等，也有在杂志上连载的，如《西施》《上海两少女》《历史车轮下的小人物》等，但这些都没有《旗声》《无轨列车》这两本书影响力大，这两本书记录了上海工人阶级在五卅运动和"一·二八"事件中的作用，1930年代就再版过。《无轨列车》还描写了厦门青年投入革命运动的故事。所以我们决定将这两本书放在选集中。

有一位出版社朋友告诉梦海，以前的书要再版，首先要找到这本书较好的印刷版本，然后整本扫描。一般来说，1930年代印刷的书，纸张、印刷技术都较差，扫描效果也不好。第二步要将这些直排、繁体字的书，用电脑软件转化成横排、简体字的文档。由于有两步转换，电脑程序也工作得很吃力，转换出来差错很多，所以第三步是校对工作，这工作量相当繁重。

疑今的小女儿梦如退休前在图书馆工作，她找当时的同事戴如涛老师帮忙找这些书。《西部前线平静无事》在厦大图书馆找到了一本保存较好的，《奥德河上的春天》一书，厦大图书馆内的已破烂不堪，要找上海图书馆复印两本，他们都不愿意。只好向南京大学图书馆进行馆际互借，借回来自己扫描、复印。

《侵吞存款者》这本书分成八期，长篇连载，刊登在1940年代的杂志《银行通讯》上，幸好厦大订阅了这份期刊，图书馆刘心舜老师带领特藏部和修复部的工作人员，调阅了这些杂志，做了许多工作。《银行通讯》的原稿较清晰，扫描和转化效果较好。

《旗声》《无轨列车》两本书，厦大图书馆2003年已从上海图书馆复印回来，现在从特藏部找出来，刘心舜老师带领同事做了扫描和转化工作。梦海拿到这两本的pdf扫描文档和word转化文档，开始做校对工作，因这两本书的原始版本很差，转换后犹如天书。

梦海只好将《旗声》的 pdf 文档和 word 转换文档并列放在电脑屏幕两边，一行行、一页页对比校对。后来做《无轨列车》，实在很疲劳，才请专业人士帮忙。

《永别了，武器》这本书，译文出版社长期在出版，家属与出版社的主编史领空签了合同，现在要收入选集，要征得出版社的同意。梦海与出版社联系了多次，但主编很忙，后来又找副主编、出版社版权办公室负责人，再到责任编辑，一个个谈下来。最后版权办公室作为特例，同意厦大出版社在《林疑今译著选集》中收录这本书。

这样《林疑今译著选集》包括 4 本翻译小说：《西部前线平静无事》(1929)、《战地春梦》(1940)[后改名《永别了，武器》(1957)]、《奥德河上的春天》(1954)、《侵吞存款者》(1946)；2 本创作小说：《旗声》(1930)、《无轨列车》(1935)；1 本《英国文学史教学大纲》(1956)，另附陈智淦编的《林疑今文学年谱(1929—1992)》摘要，共计 140 多万字，分为上、中、下三集。

尾声　回家路漫漫

1995 年 10 月是林语堂 100 周年诞辰，海峡两岸都举办了纪念活动。厦门大学图书馆、中文系与平和坂仔政府，联合举办了大陆第一次林语堂学术研讨会。

2001 年，漳州林语堂纪念馆前的语堂雕像完工，闽南师范大学筹办了一次林语堂文学创作国际学术研讨会。语堂的女儿太乙准备来漳州参会。前后商谈了数月，没想临到会期，太乙检查出癌症，要马上做手术，无法回国。第二年春天，太乙与妹妹相如相约从美国回到中国，开始她们的"寻根之旅"。

她们俩先到台北仰德大道林语堂纪念馆为父母亲扫墓，接着又坐飞机回到厦门来。太乙夫妇与相如先到漳州林语堂纪念馆参观。两个女儿望着父亲的雕像,心里想着:"父亲,你终于回来了,回到了你魂牵梦萦的故乡漳州。你在这里可以天天听到乡音乡情,同享故乡丰收的喜悦;父亲,你终于回到了故乡,这里有你经常想念的故乡的山山水水,这里有故乡的风、故乡的云……"

太乙夫妇与相如后来到厦门大学,参观了她们父亲曾经工作过的地方和厦大图书馆内的林语堂纪念室。

本来她们还要到语堂的出生地平和坂仔,不料相如突发急性阑尾炎,连夜手术。痊愈后,姐妹俩去了一趟鼓浪屿廖家,就回美国了,没能完成父亲要回平和坂仔的愿望。

语堂女儿太乙和相如望着父亲的雕像(2002 年,梦海摄)

第二年,太乙就因病去世了。

2011 年夏天,相如已 80 高龄。她还惦记着父亲老年时的愿望,他盼望回到梦牵魂萦的平和坂仔。相如不顾自己年事已高,随美国旅游团飞越大洋来中国,最后几天,她独自一人,回到平和坂仔,回到父亲魂牵梦萦的出生地,为父亲还了一次回家的愿望。

梦海陪相如姑回家。从厦门到平和坂仔有高速公路,当年五叔公回家要坐三天船,现在相如姑只用了不到三小时。

来到坂仔,时值夏末秋初,一座座大山围绕着坂仔的农田。田里的庄稼已夏收过,刚进行了秋种。相如姑来到林语堂故居,这是一座砖砌灰瓦、按原样再建的农村房子,外墙抹上白灰,显得干净利落。一楼房内写着玉堂的诗句:"我本龙溪村家子,环山接天号东湖。十尖石起时入梦,为学养性全在兹。"沿着木梯爬上二楼,上面是一张中国古式的大木床。

相如姑在故居前留了影。

相如在平和坂仔林语堂故居前(2011 年,梦海摄)

离开平和前,相如还参观了平和南靖的土楼。最后相如来到厦门,她到厦门大学图书馆林语堂纪念室,坐在父亲年轻时使用的书桌旁休息。晚上相如与在厦的林家后辈欢聚一堂,共叙亲情。

附录

一、林至诚牧师家族简谱

林至诚、杨顺命

林至诚出生于天宝珠里五里沙的农村,从小随父母在农村种地。十来岁时,父亲被散兵流寇拉去当挑夫,一去不复返。母亲信教后,送至诚到鼓浪屿寻源斋神学院读书。至诚先后到厦门竹树堂、同安双圳头教堂、平和坂仔教堂、平和小溪教堂传道,在同安堂按立牧师。

林至诚、杨顺命共育六男二女。

长子 林景良(孟温、和安),早年跟随郁约翰医生学医,后来到寻源书院任中文教员、兼任校医。一度在厦门大学国学院任编辑、在漳州开设保元大药房。

林景良与阮灵秀育有五男五女。

男:**惠元**(文艺青年,曾随三叔憾庐拜访鲁迅,因组织群众抗日,被日本特务杀害)

    惠温(年轻时患肺病去世)

    惠川(年轻时患肺病去世)

    惠浚(到新加坡发展)

    惠瀛、郑建英(在新加坡发展)

女:**惠恬**、邹 纯,育有五男四女

惠恂、吴秉义,育有四男四女

惠忱、蔡熙坤,育有二男二女

惠愉、黄选钦(在新加坡发展)

惠愔、张达德(在新加坡发展)

次子 林玉霖(和风),少年时在鼓浪屿就学,后读上海圣约翰大学,毕业后留校任教,后到厦门大学任教。

林玉霖与杨翠竹,育有六男一女。

宝泉(国光、疑今)、孙云轩,育有一男二女

宝鼎(国荣)、沈鹏侠,育有二女(在美国发展)

宝钟(年轻时患病去世)

宝镛、盛佩云

宝彝、程守身,育有二男一女

宝爵、陈柳庄,育有二女

宝璨(女)、王学青,育有一男一女

三子 林憾庐(和清、憾),早年在鼓浪屿读书。中学毕业后跟着郁约翰医生学医。毕业后一度开药房、行医。后赴南洋协助管理橡胶园。回国后在闽南教会任教育巡视员、编写教育刊物。1920年代后期在厦门《民钟日报》副刊任编辑。1930年代赴上海,与五弟语堂合编词典。语堂赴美写书,憾庐接手编辑《宇宙风》杂志,抗战中从上海到广州、再到桂林,为杂志鞠躬尽瘁。

林憾庐与李首坤,育有五男三女

男:**敬元**(早逝)

伊仲(翊重)、周素珊,育有四男(在美国、中国台湾发展)

伊盘、阿雪,在厦门同安,育有一女

伊曙(年轻时患病去世)

伊祝、钟丽珠,育有二女一男(在中国台湾、加拿大发展)

女:**伊薰**(早逝)

伊荀(早逝)

伊蕙、罗允希,育有五个孩子(在香港发展)

四子 林和平(早逝)

五子 林语堂(玉堂、和乐),早年在鼓浪屿读书。从上海圣约翰大学毕业后,赴清华任教,获赴美留学机会。在哈佛大学获硕士学位、在莱比锡大学获博士学位。回国后在北大、厦大等校任教。以后在上海写作,编辑了《论语》《人世间》《宇宙风》杂志,撰写了《吾国吾民》后赴美国,作专职作家,用英语写作了《生活的艺术》《京华烟云》等近三十部作品。1967年回到台湾,晚年编《当代汉英词典》。

林语堂与廖翠凤,育有三女

如斯(凤如)

太乙(玉如、无双)与黎明,育有一男一女:黎至文、黎至怡

相如(在国外获得博士学位后,到香港大学任教;退休后,还到美国任教数年)

六子 林幽(玉苑),年轻时就读圣约翰预科、圣约翰大学英文科,后获资助赴美国汉诺威学院读社会学,回国后先在厦门大学教书,以后到上海主持英文报刊《中国评论周报》的《海外华人》栏目,为副主编。日本侵华后,到菲律宾报界与教育界发展。晚年赴美国随女儿居住。

林幽与薛氏,育有二女:

韵美(在美国发展)

韵然（在美国发展）

长女 林仪贞（瑞珠），早年在鼓浪屿就读于毓德女校，结婚后再读广州医学院儿科，成为我国第一批西医女医生，以后自己开儿科诊所。

仪贞与张嘉信（学医后，开牙科诊所），育有四男四女：

男：**张钦煌**、陈守荆（在台湾发展）

张钦鹏（以下均在南洋发展）

张钦乔

张钦宾

女：**张钦蓉**、施先生

张钦青

张钦贞、林为裕

张钦萱

次女 林美宫（年轻时患鼠疫身亡）

二、林疑今作品年谱(1929—1992)①

1929 年　16 岁

著作

　　诗歌《春之夜语》,刊《学籁》(私立东吴第二中学学籁社)春季学期号,署名"林宝泉"。

译作

　　上海水沫书店初版发行《西部前线平静无事》,(德)雷马克著,林疑今译(据英译本转译)。发行量:6000 本。

　　自述随笔《卖淫的铜牌与诗人》,(美)辛克莱著,刊《新文艺》第 1 卷第 3 期,署名"林疑今"。

　　戏剧《勇少年卡西安》,(奥)显尼志勒著,刊《新文艺》第 1 卷第 4 期,署名"林疑今"。

1930 年　17 岁

著作

　　上海联合书店初版发行《旗声》(长篇小说),林疑今著。

译作

　　上海水沫书店、东华书局多次再版发行《西部前线平静无事》,发行量共 10000 本。

　　上海东华书局初版、再版发行《战争》(*Krieg*),(德)雷恩(Ludwig Renn)著,麦耶夫译(据英译本转译)。

---

　　①　该内容主要参考陈智淦《林疑今文学年谱(1929—1992)》(载《闽台文化研究》2020 年第 4 期),在此表示衷心感谢。

上海神州国光社初版发行《西伯利亚的戍地》（*Siberian Garrison*），（匈牙利）毛尔科维奇（R. Markovits）著，林疑今译。

上海现代书局初版发行《山城》，（美）辛克莱（Upton Beall Sinclair）著，麦耶夫译。

短篇小说《叛逆者》，（美）贾克·伦敦作，刊《新文艺》第 1 卷第 5 期，署名"林疑今"。

1931 年　18 岁

译作

上海联合书店初版发行《四十年代》（上），（苏）高尔基著，麦耶夫译。

上海神州国光社初版发行《西线归来》，（德）雷马克著，林疑今、杨昌溪合译（据英译本转译）。

上海水沫书店、东华书局八版发行《西部前线平静无事》，发行量：2000 本。

小说《伊凡的不幸》，（苏）莱翁诺夫（Leonid Leonov）著，刊《万人月报》，署名"林疑今"。

小说《一个英雄的死》，（匈）拉兹古著，刊《现代文学评论》第 1 卷第 1 期，署名"麦耶夫"。

小说《灵肉的冲突》，（德）夫兰克（L. Frank）著，刊《现代文学评论》第 1 卷第 2 期，署名"林疑今"。

小说《路上》，索莫尔（A. Sobol）著，刊《学友》第 1 卷第 2 期，署名"林疑今"。

1932 年　19 岁

著作

上海神州国光社初版发行《中学时代》（短篇小说），林疑今著。

上海现代书局再版发行《旗声》(长篇小说),林疑今著。

《西施》,刊《时报》4 月 16 日—5 月 1 日,署名"林疑今制"。(小说连载)

《上海两少女》,刊《时报》12 月 12—31 日,署名"林疑今作"。(小说连载)

译作

上海神州国光社再版发行《西线归来》,(德)雷马克著,林疑今、杨昌溪合译。(据英译本转译。)

小说《故乡》,(苏)高尔基著,刊《新时代》第 2 卷第 4～5 期,署名"林疑今译"。

1933 年　20 岁

著作

上海四社出版部初版发行《江南的春天》(中篇小说),林疑今著。

《上海两少女》,刊《时报》1 月 1—9 日,署名"林疑今作"。(小说连载)

译作

上海现代书局再版发行《山城》,(美)辛克莱著,麦耶夫译。

小说《妻》,(苏)格拉特珂夫著,刊《约翰声》第 43 卷,署名"林国光译述"。

《新爱国主义》,(美)白克夫人(Pearl S. Buck)著,刊《论语》第 27 期,署名"林疑今译"。

1934 年　21 岁

著作

小说《小丽贞》,刊《中国文学》第 1 卷第 2 期,署名"林疑今"。

小说《历史车轮下的小人物》,刊《新上海》第 1 卷第 7、8、9 期,署名"林疑今"。

译作

上海中华书局初版发行《戴茜·米勒尔》,(美)H. 詹姆斯(Henry James)著,林疑今译。

节译小说《开发中的处女地》片段,(苏)绍洛霍夫(M. Sholokhov)作,刊《大陆杂志》第 2 卷第 6、7 期,署名"林疑今译"。

小说《美国的悲剧》,(美)德莱赛(T. Dreiser)作,刊《大陆杂志》第 2 卷第 8 期,署名"林疑今"。(文末注"译者附记",简略介绍作者及节译出处。)

小品文《幻梦中的孩子们:幻想》,(英)查尔斯·兰姆(Charles Lamb)著,刊《人间世》第 8 期,署名"林疑今译"。(文前注介绍原作者。)

小品文《小品文作法论》,(英)亚历山大·史密斯(Alexander Smith)著,刊《人间世》第 2、4 期,署名"林疑今译"。

传记《辜鸿铭》,刊《人间世》第 12 期,署名"林疑今译"。(文末署"译自《中国评论周报》7 卷 35 期"。)

1935 年　22 岁

著作

上海良友图书印刷公司出版发行《无轨列车》(长篇小说),林疑今著。

译作

小品文《新猫》,(英)林德(Robert Lynd)著,刊《人间世》第 25 期,署名"林疑今译"。

小品文《怕》,(英)林德著,刊《论语》第 71 期,署名"林疑今译"。

Storm in the Village(《风波》),鲁迅著,刊《民众论坛》(*The People's Tribune*)第 11 卷第 3 期。

My Native Town(《故乡》),鲁迅著,刊《民众论坛》(*The People's Tribune*)第 11 卷第 6 期。

1936 年　23 岁

译作

The New Year Blessing(《祝福》),鲁迅著,刊《民众论坛》(*The People's Tribune*)第 12 卷第 1 期。

杂文《人类好战论》,Leo C. Resten 著,刊《西风(上海)》第 1～6 期(合订本第一集),署名"林疑今"。(文前注"节译自美国哈柏士杂志"。)

1937 年　24 岁

译作

杂文《刽子手》,E.H. Lavine 著,刊《西风(上海)》第 7～12 期(合订本第二集),署名"林疑今译"。

杂文《特别侦探》,未注著者,刊《西风(上海)》第 7～12 期(合订本第二集),署名"林疑今译"。

1939 年　26 岁

译作

长沙商务印书馆(The Commercial Press,Ltd.)初版发行 *Tramp Doctor's Travelogue*(*English Version*)(《英译老残游记》),刘鹗著,林疑今、葛德顺(Lin Yi-chin and Ko Te-shun)合译。

节译杂文《法西斯蒂与纳粹》,(美)房龙(H.W.Van Loon)著,刊《宇宙风:乙刊》第 10、11 期,署名"林疑今译"。

1940 年　27 岁

译作

上海中华书局再版发行《戴茜·米勒尔》,(美)H.詹姆斯(Henry James)著,林疑今译。

上海西风社初版、再版发行《战地春梦》(*A Farewell to Arms*),海明威著,林疑今译。

《幻梦中的孩子们:幻想》,(英)查尔斯·兰姆著,刊《沙漠画报》第 3 卷第 12 期,署名"林疑今译"。

1941 年　28 岁

著作

《介绍海明威先生》,刊《大公报(重庆版)》4 月 7 日、4 月 8 日,署名"林疑今"。

译作

《特别侦探》,未注著者,刊《沙漠画报》第 4 卷第 30 期,署名"林疑今译"。

《刽子手》,未注著者,刊《沙漠画报》第 4 卷第 48 期,署名"林疑今译"。

1942 年　29 岁

译作

《德国战时财政之剖视》,未注著者,刊《经济汇报》(中央银行经济研究处编印)第 5 卷第 1～2 期,署名"林国光译"。(文末署"本文译自 *Economist*,Vol. CXLI,No. 5113,Aug,23,1941"。)

《论工业复员》,罗宾逊(Leland Rex Robinson)著,刊《经济汇报》(中央银行经济研究处编印)第 5 卷第 6 期,署名"林国光、钟淦恩合译"。

1943 年　30 岁

译作

　　重庆新生图书文具公司初版发行《波城世家》,(美)John P. Marquand 著,林疑今译。

1944 年　31 岁

译作

　　重庆新中国文化社初版发行《中尉麦敏》(英汉对照),(美)项美丽(Emily Hahn)著,林疑今译注。

　　重庆五十年代出版社初版发行《丽贝珈》(*Rebecca*),(英)杜·莫洛亚(Daphne Du Maurier)著,林疑今译。

　　小说《星期二的中饭》,(美)奥哈拉(John O'Hara)著,刊《时与潮文艺》第 3 卷第 2 期,署名"林疑今译"。(文前注"译者前言"介绍作者。)

　　《人质》,Stefan Heym 著,刊《时代生活(重庆)》第 1 卷第 6 期,第 2 卷第 1、2 期,署名"林疑今译"。(小说连载)

1945 年　32 岁

译作

　　重庆中外出版社初版、再版发行《勇士们》(*Brave Men*),(美)恩尼·派尔(Ernie Pyle)著,林疑今译。

　　《中东日记》,(英)诺厄尔·考沃德(Noel Coward)著,刊《西风(上海)》第 73、74 期,署名"林疑今译"。

1946 年　33 岁

译作

　　《德国管制方案》,(美)亨利·摩根韬(Henry Morgenthau)著,刊《中央银行月报》(中央银行经济研究处编印)(复刊)第 1 卷第 1 期,署名"林国光译"。

　　《侵吞存款者》,(美)詹姆斯·凯因著,刊《银行通讯》新 7、8、9、10、11、12、13、14、15 期(总 32、33、34、35、36、37、38、39、40 期)署名"林疑今译"。(长篇小说连载)

1947 年　34 岁

著作

　　上海中国文化服务社初版发行《秋水伊人》(戏剧,三幕剧),林疑今著。

译作

　　《劫库记》,(美)伦杨(Damon Runyon)著,刊《银行通讯》新 16、17 期(总 41、42 期),署名"林疑今译"。

　　《杀手》(*The Killers*),(美)海明威著,刊《金融日报》5 月 18 日、20 日、22 日,署名"林疑今译"。

1953 年　40 岁

译作

　　上海文化工作社初版发行《第七个十字架》(*Das Biebte Kreuz*),(德)安娜·西格斯(Anna Seghers)著,林疑今、张威廉(合译)。

1954 年　41 岁

译作

　　上海文艺联合出版社初版发行《奥德河上的春天》,(苏)卡扎凯维奇撰,林疑今、王科一合译。

1955 年　42 岁

译作

　　上海文艺联合出版社再版《西伯利亚戍地》(现代文学译<u>丛</u>),(匈)毛尔科维奇著,林疑今译。

1956 年　43 岁

编著

　　北京高等教育出版社出版《英国文学史教学提纲》,林疑今编著。

1957 年　44 岁

译作

　　上海新文艺出版社出版发行《永别了,武器》(收入《海明威文集》),林疑今译。

1971 年　58 岁

译作

　　上海译文出版社出版发行《永别了,武器》(收入《海明威文集》),林疑今译。

1980 年　67 岁

译作

上海译文出版社出版发行《永别了,武器》(新 1 版)(收入《海明威文集》)。(版权页注"根据 Penguin Books,Ltd.,1972 年纸面本译出。)

1981 年　68 岁

译作

贵州人民出版社出版发行《战地春梦》(第 1 版),(美)海明威著,林疑今译。(版权页注"Translated by Lin Yi-Jin""1940"。)

1982 年　69 岁

译作

人民文学出版社出版发行《奥凯西戏剧选》,(爱尔兰)希恩·奥凯西著,黄雨石、林疑今合译。

中国戏剧出版社出版发行《朱诺与孔雀》(三幕悲剧)(*Juno and the Peacock*),(爱尔兰)希恩·奥凯西著,林疑今译。(本书译自 Samuel French 1932 年演出版,并参考麦克米伦 1957 年出版的《奥凯西戏剧集》,卷一。)

1989 年　76 岁

译作

上海译文出版社出版发行《拍卖第四十九批》,(美)托马斯·品钦著,林疑今译。

1991 年　78 岁

译作

上海译文出版社出版发行《永别了，武器》（收入《海明威文集》）。（版权页注"根据 Penguin Books，Ltd.，1972 年纸面本译出"。）

后 记

2023 年是厦门大学外文系建系 100 周年,又是我父亲林疑今教授 110 周年诞辰。两个周年叠加在一起,我不由得想起许多往事,因此写下《囊萤楼旁》一书。

祖父林玉霖教授 1906 年到上海圣约翰大学读书,1911 年毕业后留校任教。1921 年响应南洋华侨陈嘉庚号召,来到厦门大学。先在总务处负责基建工作,1923 年外文系成立,祖父就在外文系任教,直到 1953 年退休,在厦大外文系任教达 30 年。

父亲林疑今从小随祖父到厦门读小学、中学,高中时他就开始翻译外国小说。多位外文系教师曾询问我:"你父亲什么时候开始翻译小说的?"我说,那是 1928 年的事。对方常吃惊地问:"才十五六岁?"

当时父亲的堂兄惠元,在五叔公语堂的指导下,翻译了《英国文学史》,五叔公为他校对后出版了。父亲听说后,去找五叔公,说自己也想翻译,但是不想翻译历史等,想翻译小说。五叔公告诉他,小说比历史教材更难翻译,但是既然父亲想翻译,五叔公就找了一本德国作家雷马克写的 *All Quiet on the Western Front*(《西部前线平静无事》),推荐给他翻译,这是德文译成英文的版本。

作者雷马克是刚毕业的中学生,中学毕业就被送上前线,他的许多想法父亲比较能理解。这是一本描写一战的小说,出版后刚好世界局势再度紧张,二战即将开始。该书马上风行全球,好莱坞立刻把它拍成电影。

父亲拿到书后,开始看时觉得很压抑。一学期后再看,觉得可以试一试。五叔公听说好莱坞将该书拍成电影,中国马上就要引进。他来到祖父家里，要看看父亲翻译的稿件，看完后觉得翻译得可以，就告诉父亲要译得快一点，最好能赶在电影放映前出版。

五叔公为父亲寻找了出版社，自己为此书写了"序"。祖父听说要赶译文进度，父亲的高中课程又比较紧，就建议父亲休学一学期。父亲回到上海三义坊的家中，每天在三义坊的亭子间赶译小说。秋天，全书译完了，父亲把译稿送到出版社。出版社校对完，赶快将书稿拿到印刷厂，赶在电影《西线无战事》放映前出版了。第一、二版一共印了 6000 本投放市场，马上销售一空。父亲在上海找了一所中学插班读完高中。

第二年，上海水沫书店和东华书局多次重版发行《西部前线平静无事》，仅两年该书发行量达 16000 万本！

之后两年，父亲还翻译了德国作家雷恩（Lududwig Renn）的《战争》（*Krieg*）；匈牙利毛尔科维奇的《西伯利亚的戍地》（*Siberian Garrison*）；苏联高尔基的《四十年代》（上）；还与杨昌溪合译了雷马克的《西线归来》（这些都是据英译本转译的）。从此父亲走上了边读书边翻译，为自己或弟弟们挣学费的道路。

抗战胜利后，父亲先后在交通大学、沪江大学、复旦大学外文系任教。1958 年父亲被补划为"右派"，1959 年调来厦门大学外文系任教，直到 1992 年因病去世，在厦大外文系任教 33 年。

祖父与父亲父子俩在厦大外文系 60 多年，经历了外文系从小到大的发展，也经历了厦门大学由私立大学转为国立大学的过程。30 年代校主陈嘉庚生意破产，厦大院系不断收缩，勉强维持了几年，陈嘉庚最后将学校交给国家。1937 年 7 月，萨本栋接任厦大校长。此时日本人的炮火在祖国大地上燃烧，萨校长临危受命，带领全校师生西迁长汀，克服了没有教室、缺乏教师、缺乏经费等种种困难，办出了"加尔各答以东最好的大学"。

厦大西迁长汀之时，学校仅剩三院九系（中文与外文合并为文学院），萨校长认为贫穷、落后的中国应多办工科院系。在他的带领下，厦大创办了机电系、建筑系等工科院系。萨校长负责的机电专业，学生年年爆满。祖父主要负责公共英语教学，因理工科学生大增，祖父的工作量也猛增。

1945年8月，抗战胜利后，厦大复员回厦门，在鼓浪屿建新生院，外文系也复办。祖父第一批返回厦门，以后又迎来新中国成立。1953年，祖父年迈退休。

1959年，父亲到外文系接班任教。经历了六七十年代的"文革"后，迎来了改革开放，大部分"右派"被彻底平反，父亲出任外文系主任。国门刚刚开放，国家对外语人才的需求与日俱增。全国科技大会刚刚召开，老教授们人人心情舒畅、干劲倍增。

厦大外文系不仅培养本科生，还招收研究生。在本职工作以外，厦大外文系多次为福建省、厦门市举办各种培训班；还为联合国翻译了大量文件，翻译质量多次获赞扬。

外文系集体编纂的《综合英语成语词典》共计240万字，收录2.6万余条项目，于1972年在商务印书馆出版，以后又多次再版。

我于1980年代从厦大化学系研究生毕业后，留校工作，直到退休。加上祖父玉霖和父亲疑今，祖孙三代人在厦大工作近100年。

本来《囊萤楼旁》写了祖父和父亲两代人，但本丛书主编陈仲义教授极力主张把我的经历也放进去，后来增加了两章，主要写我在化学系的工作。这样全书写了祖孙三代人，经历了抗战时学校内迁、"文化大革命"，迎来了改革开放，从一个侧面反映了中国高校的百年风云。

本书编写过程得到陈仲义教授大力支持和热心指导，韩轲轲老师对本书做了细致的编辑和校对工作，在此表示衷心感谢。

梦海记于2023年12月